子どもがつくる「弁当の日」始めませんか

鎌田　實　対談　竹下和男

撮影●竹下和男

SPORTS

れは なにでしょう」
れは、□ですか」。
はい、そうです※いいえ、ちがいます。
れは、□ですか」。
1 2 3 4 5
6 7 8 9 10
11 12 13 14 15
16 17 18 19 20
21 22 23

始めませんか

子どもがつくる「弁当の日」

はじめに

子どもが作る〝弁当の日〟に刺激を受けたお母さんが、小学校一年生の男の子を台所に立たせはじめた。ある日の夕食に、男の子は一人で五つの目玉焼きを作った。四つは焦げたり黄身が端っこに寄ったり、つぶれたりしたが、ひとつは大人顔負けのきれいな目玉焼きができあがっていた。男の子は目玉焼きをのせた五つの皿を食卓に運び、失敗作は祖父母と父母の席に置いた。大人たちは苦笑した。「一番いい目玉焼きを自分がとった。幼子だからいいか」と思った。

「いただきます」と言って食べ始めると、大人たちは口々に「おいしい」と喜び、「ありがとう」と男の子にお礼を言った。ところが男の子は目玉焼きを食べようとしない。上から、横から、斜めから、ずっと目玉焼きを見つめている。「どうしたの。おいしいよ」と声をかけられた男の子はちょっと涙声でこう言った。「お母さん、この目玉焼き、誰も食べんとって」

このとき、大人たちははじめて気づいた。うまくできた目玉焼きを自分の席に置いたのは、独り占めしようとしたからではなかったのだ。大人と同じレベルの仕事ができたことが誇らしかったのだ。その証拠となる目玉焼きが食べられて消えてしまうのが辛かったのだ。いつまでもしげしげと目玉焼きをながめるために、自分の席に皿を置き、食べないという手段をとったのだ。幼子は、こんなにも真剣に、自分の労働の価値を自分の体内にとどめようとしている。こんなステップを踏んで一人前になっていこうとしている。大人たちはそのことを忘れてはいけない。

人は、わが子が生まれたら親になるのではない。記憶にはない乳幼児期の自分を、わが子を透して追体験し、育児に励む自分の姿に遠い昔の親を偲んで、そうして少しずつ親になっていくのだ。親は「子どもは、親を親にするために生まれてくる」という言葉を忘れたとき、親にもなれない子育てをしてしまうのだ。

「子どもだけで作る〝弁当の日〟」の提唱者である私が対談をすることになった。お相手は鎌田實さん。膨大な累積赤字を抱えていた長野県諏訪中央病院院長に三十代で就任し、立て直した功労者で、地域医療の在り方を根底から改革した医師だ。住民と共に作る医療の実際を書いた著書の『がんばらない』はテレビドラマ化され、チェルノブイリ救援活動は国際的にも高い評価を受けている。『あきらめない』『それでもやっぱりがんばらない』『いいかげんがいい』（以上集英社）といった多くの著書のタイトルが、患者と優しく向き合う鎌田さんの姿を彷彿とさせる。

対談のテーマは〝弁当の日〟。私が二〇〇一年に香川県の滝宮小学校で始めた食育実践だ。

二〇〇三年の「地域に根ざした食育コンクール」で最優秀賞を受賞した。献立から片付けまでのすべてを子どもだけにやらせる〝弁当の日〟実践校がここ二年足らずで四〇〇校ばかり増え、五三〇校を突破した。この広がりは、現代社会が希求する何かを〝弁当の日〟が持っていることを示している。そして、鎌田さんはそれを看破している。

飽食の時代と評される現代日本は、農薬入り冷凍ギョーザ、特産物の産地偽装、狂牛病、賞味期限偽装など食に関する暗いニュースが後を絶たない。いっぽうで二〇〇五年に制定された食育基本法も契機となり、食料自給率アップや地産地消のすすめ、食生活指針の実践を訴える食育ブームである。しかし、この対談には〝弁当の日〟を手がかりに、ブームに流されず地域を改善していく確かな食育の在り方を考えたいというねらいがある。

鎌田さんと私は東京都と香川県で「七〇年安保」を迎えた。二人とも大学生だった。そして「日本を変えたい」と願い学生運動に関わった学生のほとんどと同じく、挫折した。東大安田講堂の攻防やあさま山荘事件は決して私たちが目標にした闘いではなかった。

対談を前にして二人は、お互いの著書に目をとおし共通の気質を感じた。それは「自分がしたいことを、自分にできることから始めよう」というソフトな発想をすることだ。二人には短期間に顕著な成果を求める性急さは微塵もなかった。しかし四〇年前にはなしえなかった変革を、二人は地域医療と学校現場という職場で実現した。

〝弁当の日〟は一〇〇年後の子どもたちを見通して始めた。鎌田さんの地域医療の在り方も、世代を超えて伝わる温かさを持っている。一人のリーダーががんばってもできることはしれている。でもリーダーの想いが、ごく自然に、心地よい小さな事件を導くことがある。それが職場の疲労感をさらっていく風になる。働く喜びを連れてくる風になる。

さて、あなたが読後に、「自分にできる何か」を探し、行動を始めてくれたら、こんなにうれしいことはない。

子どもが作る〝弁当の日〟の広がりはそんな人たちが実現してきた。

竹下　和男

目次

鎌田　實

対談

竹下和男

〝弁当の日〟の隠し味

〝弁当の日〟は二〇〇一年に香川県・滝宮小学校で生まれた。実践校は、最近の二年間で四〇〇校ほど増えた。それは「弁当の日」というツールが持つ「力」が理解され始めた現象ととらえている。その「力」を「隠し味」として、私は『弁当を作る』という詩のなかに具体像を描いた。

そこに鎌田さんが新たな視点を加えてくださった。いのちは三つのつながりの中で守られている。「人と人」「人と自然」「いのちとからだ」。〝弁当の日〟はまさにそれだと。

いのちのバトンタッチ

鎌田　先生の『台所に立つ子どもたち』と『〝弁当の日〟がやってきた』という本を読んで、〝弁当の日〟すごくおもしろい思いつきだなって思いました。

僕の本『がんばらない』『あきらめない』『それでもやっぱりがんばらない』『なげださない』という「いのちの四部作」のなかで繰り返し書いていることは、いのちは三つのつながりの中で守られている。人と人のつながりと、二番目は人と自然のつながり、三番目は体と心のつながり。僕のエッセイは全部実話です。ピンチに立たされた人を支えるときのヒントがこの三つのつながりにないか考えるようにしています。

大学病院なんかでもうやることがないと言われても、生きてるんだから何かしてあげられるはずだと僕は思う。

高度医療をしている病院で〝余命三ヵ月〟と言われたスキルス胃がんのお母さんが、緩和ケア病棟に入院してきました。「治らないのはわかっています。でも春まで生きて、子どもの卒業式に出てあげたい」と希望を述べた。僕たちは、ていねいにサポートしました。不思議なことが起こりました。一年数ヵ月生きて、二人のお子さんを見てあげることができました。

体にもうやる治療はなくても、心と体はつながっているのです。心にいい刺激を与えると体に変化を起こすのです。免疫の力が関係していたと思います。少し良くなると、限りある命なので大好きな家に外出や外泊をさせました。

このお母さんが亡くなったあと、娘さんから聞きました。

「母は家に帰ってくると、必ず私たちのお弁当を作ってくれました。母が最後に帰ってきた時…」この時は体力がなくなり、歩くのも無理な状態でした。「その時も母は台所に立ちました。母が作ってくれた最後のお弁当はおむすびでした。うれしかった。でも学校の昼休みになったら、切なくて切なくて、なかなかお母さんの作ってくれたお弁当に手が届きませんでした」。

母から子どもたちへ、いのちの大切さがバトンタッチされました。死んでいく悲しみをお母さんは、人と人のつながりの中で乗り超えていったのだと思います。いつでも、この三つのつながりを考えるようにしています。たいがい僕の話はこの三つのどれかを結び直してあげる物語です。

〝弁当の日〟って実は、この三つのつながりが関係している。このつながりが見事に〝弁当の日〟で動き出しています。人と人のつながりがあるからこそ、弁当の日をやろうって言っただけでぎくしゃくするんだけど、このぎくしゃくすることがけっこう大事なんじゃないかと思いました。

たとえば、弁当の日が少し軌道に乗り出すと、「冷蔵庫の残り物を使う弁当」という、しゃれた日をつくる。

「旬のものを入れる弁当」もおもしろい。子どもたちが自分の身の回りにある旬なものって何かと、自然の中に視点が行きだしますよね。ふだんはスーパーや八百屋さんの中の商品としての野菜しか見えなかったのが、自分が歩いて学校に来るときに畑に何が育っているのかが見えてくる。

今までだって見えていたはずなのに、実は見えていなかった。おもしろいですよね。見えなかったものが〝弁当の日〟で見えてくる。街の中にいる子どもたちだって、自然の中に生きてるんだということがわかる。もちろん畑だけじゃなくて、山の中のキノコや山菜

2西
かいはらあやか
かいはら

が見えてくる。人と自然というのもつながっているということが、弁当を作ることでなんとなく自覚ができるんじゃないかなと思いました。

「親は手伝わないで」

―― 竹下先生が「弁当の日」の取組みを始められたのには、なにかきっかけのようなものがあったのですか？

竹下 直接のきっかけは、綾南（りょうなん）町、今はもう綾川（あやがわ）町となっていますが、綾南町の学校給食理事会です。この会で一年間の学校給食の反省と次年度をどうするかという話合いがありました。そこで町行政、教育委員会、議会、調理員、栄養士、それから食品納入業者の人たちが大変な努力をしてくれているおかげで給食が出来上がっているのだということを、しみじみと感じました。

それに比して、給食の時間に子どもたちが食べている様子はよくなかった。たくさん残すというのではないが、食べるのが楽しくてしょうがないというのが感じられなかった。そこで、なんとか「食べる」ってこんなにもありがたいことだ、楽しいことだ、感謝をしたいことだっていうことを子どもたちに気づかせたいと考えたのです。そうして思いついたのが〝弁当の日〟でした。

親に「手伝ってくださいね」っていうと、親は大変だろうから子どもだけに作らせよう。

「親は手伝わないで」というフレーズをのせれば、スタートを切れるだろう。これが見通しだったんです。

鎌田　波紋は当然想像していた？

竹下　ええ。「〝弁当の日〟をするよ」と職員に言うと、職員はあまり乗り気じゃないんですよ。

鎌田　ふふふっ（笑）。そうだろうね。それが〝まっとう〟というものです。残念ですけど。

竹下　春休み中にPTAの役員さん二人に校長室に来てもらいました。〝弁当の日〟やりますよと言ったら、二人とも「無理です」って。理由は「包丁を持たせていません」「ガスコンロに触るなと言って育ててきました」「早起きできるはずがない」でした。

鎌田　それは、お母さん？

竹下　五年生になる子どもをもった二人のお母さんです。「いや、子どもは、やらせたらやるもんです」って言って帰ってもらいました。職員のほうは、校長の私が「する」といったら、することになるので、反論はなくって、あきらめの状態。

四月下旬のPTAの総会で私が「〝弁当の日〟をしますよ」と言ったとたんにブーイングですよ。「えーっ」て。

鎌田　ざわざわと（笑）……想像できるな。その場の空気が見えそうな気がします。

竹下　なんで、調理場があり、ランチルームが整備された学校で給食を止めてまで〝弁当

「あったかい病院」「最後まで見捨てない医療」をめざして、膨大な赤字を抱え倒産寸前の公立病院を改革。全国の地域医療に希望の灯をともした諏訪中央病院名誉院長、鎌田實さん。

の日〟をするのかと。それで、〝弁当の日〟には決まりがあって、一つ目は「子どもだけで作ります」、二つ目は「五年生、六年生だけです」。三つ目は「一〇月から第一回目を始めて月一回のペースで五回やります」。

親は手伝わないでください って念押しをしました。

学校週五日制が完全スタートの年でしたから、ご両親が仕事に行ったあと、五年生、六年生の子どもがいれば、その子が妹や弟のお昼ご飯をつくってやれる状態にする、それがこっちのねらいです。だから親は手伝わないでください、と念押しをすると、ブーイングもなんもなしで、ニコニコしながらうなずいてくれまして。

鎌田　あっ、そうか。うまいな。はじめはブーイングで、最後のころにはしょうがないからやってみるか、というムードに保護者はなった。戦術が実にしっかりしている。こういうの大好き。

竹下　たとえば一つ目のルール「子どもだけで作ります」と言っても、多くの母親は、実際は私たちが作ることになると思いながら聞いているんです。だけど献立、買出し、調理、弁当箱詰め、片付け、すべてを子どもだけでやります。親は手伝わないでくださいね――、この「親は手伝わないでくださいね」というフレーズが出るたびに表情が和んできて…。

鎌田　わかる。わかる。「不安心理」をとり除いてあげるといいんですね。

竹下　二つ目の「五年生、六年生だけです」というのは、学校の家庭科の授業で、弁当をつくるのに必要なすべての知識と技術を学校がすべて責任をもって教えます。ご家庭で教える必要は一切ありません。こう言ったのです。そしたら、ああ、何もしなくてもいい、全部学校がやってくれる。しかも、第一回目は半年先なんだ。今からわが子に教えてもなんとかなるかもしれないと思った親はそこでもう同意。だから、反対の声をあげる場面がなくなったのです。

三つ目のきまりは「親ばなれ」「子ばなれ」の場をつくり自立を促すこと。自分の成長に見通しを持たせること。反復が試行錯誤による技術習得の機会を与えることになるという隠し味でした。あとから「親が反対を言えないきまりを作った」と言われたりしましたが、私の意図は「子どもの自立のために親を離す」というほうにありました。

私がPTA総会で「やりますよ」といったら、保護者への周知は終わりです。だけどその時点でも滝宮小学校の職員は「この話はつぶれる」と思っていたようです。

鎌田　先生たちは、途中でつぶれるだろうと？　今までどおりがいいと思う人って、けっこう多いですから。良い悪いではなく、人間ってそういうモノなのでしょう。

竹下　職員はスタートを切れないだろうと思っていました。保護者が家にかえって落着いて考えてみたら、わが子がたったひとりで作れるはずがないから、結果的には「お母さんつくって、お父さんつくって」と子どもが言い始めて、親の負担になってくると気づく。それと、怪我をしたらどうするんだとか、油に引火して家が燃えてしまったらどうするんだ、その責任は誰がとるんだという話が、どんどん大きくなっていって、〝弁当の日〟反対の声が学校に届きはじめ、結果的に実施されることはないだろう。これが職員の読みだったんです。

鎌田 なんで〝弁当の日〟なのか。誰が聞いたってとっぴだろうと思う。誰も賛成しないだろうなと思いながら、実はかなり深い読みがあるんじゃないのかと想像しました。

竹下 「深い読み」というほどのものではありませんが、〝弁当の日〟が何を導き出すかというビジョンはかなり明確に持っていました。

二年間、滝宮小学校で「弁当の日」の実践をしたとき、異動でこの学校を去ることになる可能性は高いと思っていたんですね。私の想いをはっきり説明せずに二年間やってきて、自分がいなくなってしまったら、そして「弁当の日」を継続しなくなったら、自分がやろうとしたことさえも消えてしまうと危惧していました。ちょうど六年生たちが、卒業文集をつくるので何か文章を書いてくださいと言ってきたので、『弁当を作る』という詩を子どもたちに贈りました。その中に、「弁当の日」をしたのは、こういうねらいがあったのだということを書いたのです。

弁当を作る

あなたたちは、「弁当の日」を二年間経験した最初の卒業生です。

だから一一回、「弁当の日」の弁当作りを経験しました。

「親は手伝わないでください」で始めた「弁当の日」でしたが、どうでしたか。


食事を作ることの大変さがわかり、家族をありがたく思った人は、優しい人です。

手順よくできた人は、給料をもらう仕事についたときにも、仕事の段取りのいい人です。

食材がそろわなかったり、調理を失敗したりしたときに、献立の変更ができた人は、工夫できる人です。

友だちや家族の調理のようすを見て、ひとつでも技を盗めた人は、自ら学ぶ人です。

かすかな味の違いに調味料や隠し味を見抜けた人は、自分の感性を磨ける人です。

旬の野菜や魚の、色彩・香り・触感・味わいを楽しめた人は、心豊かな人です。

一粒の米、一個の白菜、一本の大根の中にも「命」を感じた人は、思いやりのある人です。

スーパーの棚に並んだ食材の値段や賞味期限や原材料や産地を確認できた人は、賢い人です。

食材が弁当箱に納まるまでの道のりに、たくさんの働く人を思い描けた人は、想像力のある人です。

自分の弁当を「おいしい」と感じ「うれしい」と思った人は、幸せな人生が送れる人です。

シャケの切り身に、生きていた姿を想像して「ごめん」が言えた人は、情け深い人です。

登下校の道すがら、稲や野菜が育っていくのをうれしく感じた人は、慈しむ心のある人です。

「あるもので作る」「できたものを食べる」ことができた人は、たくましい人です。

「弁当の日」で仲間がふえた人、友だちを見直した人は、人と共に生きていける人です。

調理をしながら、トレイやパックのゴミの多さに驚いた人は、社会をよくしていける人です。

中国野菜の値段の安さを不思議に思った人は、世界をよくしていける人です。

自分が作った料理を喜んで食べる家族を見るのが好きな人は、人に好かれる人です。

家族が弁当作りを手伝ってくれそうになるのを断れた人は、独り立ちしていく力のある人です。

「いただきます」「ごちそうさま」が言えた人は、感謝の気持ちを忘れない人です。

家族がそろって食事をすることを楽しいと感じた人は、家族の愛に包まれた人です。


滝宮小学校の先生たちは、こんな人たちに成長してほしくって二年間取り組んできました。

おめでとう。

これであなたたちは、「弁当の日」をりっぱに卒業できました。

長い人生のどこかで〝わかること〟があれば

鎌田　「弁当の日」をやる前に詩を作ったんですか？

竹下　いえ、これは滝宮小学校を去るときで、弁当の日の実践が二年終わってからです。

鎌田　それは、できてたんですか、もっと前に？

竹下　私の頭の中にはありました。でも職員や保護者には提示していませんでした。それはなぜかというと、私がこんなことをできる人たちになってほしいんだというようなことを最初から提示してしまうと、一行一行の上にカッコをつけて、あなたはいくつマルがつきますか、というようなことを先生たちはすぐにし始めるんです。それがいやだからしなかったんだと、二年後に「弁当を作る」をプリントして配布し説明している場面で、もうカッコをつけている人がいるんです（笑）。

この『弁当を作る』は、自分はやさしい人なのか、自分はたくましい人なのか、慈しむ心はあるのか、といった評定用に使うものとは全く違うんです。これは、体験をすれば自ずと気づいてくることであって、しかも卒業するまでに二〇個全部クリアしないといけないということでもなくて、死ぬ間際になって二つ三つ意味がわかった、そういうわかり方でもかまわないと思っているんです。これは学習指導要領が示すような目標ではないですから。

子どもの自立への手ごたえと家族の「くらしの時間」を生み出した「子どもが自分でつくる“弁当の日”」の実践が全国の小中学校、大学、企業にまで広がり大注目の香川県綾上中学校校長、竹下和男さん。

こういう想いで自分がやってきたんだということを、「弁当を作る」の第二節の二〇行で、前半部分は体験を過去形で表現し、後半に子どもの資質を断定し、賞賛するかたちをとって示したのです。その時に、ああ校長先生はこんなこと考えていたんですかというのが滝宮小学校の職員のつぶやきだったんです。保護者もこの本が出た時点でそのことを知って、というのは六年生以外の保護者は卒業文集を読んでいないので知りませんから、ここまで考えてくれていたんですね、と言ってくれました。

すべてこの二〇行に書いてある内容は、子どもたちの弁当づくりのなかで、あるいは家族のなかで結果的には起きているんです。卵焼きを弁当の中に入れるという献立をつくった子が、卵焼き二切れだけをフライパンで作るわけじゃない。一本作る、二本作る。から揚げも同じように、家族の分も作る。で、子どもが作ったのを家族が食べる、それが一番のねらいですよ。

鎌田　いやあ、感動しました。はじめは自分の弁当を作るだけだったけど、中学のほうに「自分が食べてもらいたい人に作る」というのがあるでしょ。人によっては二つ作る人もいれば、四つ作る人もいる。中学生の女の子が、自分で作ったお弁当を広げている同じ時間に、自分が作ってあげたお弁当をお父さんが会社で食べているのを想像するだけでね、これはすごい。僕は「徳育」という言葉は何かに利用されそうな言葉で嫌い。僕は徳がないから（笑）。

わずかな違いだけど「心（こころ）育（いく）」、要するに知育とか体育とか食育とかを並べて心育が大事。さっき僕は体と心はつながっていると話しました。弁当は体に栄養を与えながら、心にも栄養を与えている。ここがいい。心育にとって大事なのは「想像力」なんです。この小学校高学年から中学生にとっては大事な想像力をどう育てるか。自分じゃない誰かが、どうしたら喜んでくれるかとかね、それを知ってもらうということが大事な時期に、自分で作ったものを誰かが食べてくれるというのは、とってもすばらしいことです。

娘が会社にいるお父さんのことを思うなんてことが一度でもあれば、家の空気が変わります。ステキな試みだなって思いました。〝弁当の日〟は人と人もつなげていくのですね。ぼくの言ってきた三つのつながりを見事につなげてくれています。

竹下　結局、自分のためじゃなくて、自分が誰かのために仕事をして、それを認めてくれる人がいるという気づきです。たとえば、私は「存在感」という言葉がとっても端的にそのことを表わしてくれていると思うんですけど、すべての子どもは存在感を得ようとして、いろんなアクションをしています。そして挫折し、他者に働きかけることは何もしないという子どもが増えてきています。

でもたとえば、これはもう現実にたくさんの事例があるんですが、特に女の子が作った弁当をお父さんが受け取る時点で、お父さんは泣いてる。

鎌田　目に見えるよ。ふっふっ（笑）。僕なんかも泣きそうだよ。絶対泣く。

竹下　それで会社に持っていって、会社で自慢して回るんですよね。

鎌田　幸せな空気がただよっている感じがする。

竹下　会社の同僚が自分の娘をほめてくれたことを全部覚えている。こんなふうにほめてくれたと夕食時に食卓で家族に話す。そういう場面が家族の絆をつくっていく。大会で優勝したとか、テストに合格したとか、成績が上がったとかじゃなくて、日常の生活の中で家族の絆というのが本当に深まり、子どもの悲しい事件や事象というのは、減らしていけますよ、と。

子どもたちの痛ましい事件頻発に危機感

私は、幼児教育とか、少年期の家族のこととか、両親のこととかが、子どもの人生観をつくるときにとても大きな役割を果たしていると思っているし、それを抜きに学校教育は進められないと考えていました。学校・家庭・地域全体を子どもが育ちやすい環境にしていかないと教育効果をあげることは難しいということです。〝弁当の日〟を私が赴任した学校だけで進めていれば、とりあえず自分が信じた仕事を自分の学校現場で出来たということにはなるんですけど、狭い世界に限られている。

とにかくあの「一七歳の少年の事件」が頻発していたときに、日本全体が変わる何かを打ち出して動き始めないと、学校現場の人たちも結局責められて、折れて、仕事がやりにくい状況がどんどん進んでいく危機感があったのです。

鎌田　一七歳の事件が頻発したのは、何年ごろでしたっけ。

竹下　二〇〇〇年の五月のことですよね。（五月三日＝愛知県豊川市主婦殺人事件。五月三日＝西鉄バスジャック事件）

とにかく誰でもよかったというかたちの事件が起きてきたときに、私が思ったのは、国全体で動く何かをつくらないと改善されない。「あなたたちは加害者になるなよ」というような取組みをしたとしても、加害者が他の地域で生まれていたんではしょうがないという想いでした。

それなら、それを何とか解決する取組みをしたら、気づきが先生たちにも親たちにも出てくるだろうと。そこで、全国どこででも、どこの学校でも実践できる簡単なルールをつくって始めようって考えました。

この発想の元は、「朝の読書運動」です。あれはたしか平成四年、朝日新聞の「天声人語」です。それを見たときに、「わぁ、こんな方法がある」と思って、そのことがずっと頭にありました。だから自分が八年前に滝宮小学校の給食の様子から〝弁当の日〟を思いついたとき、とってもシンプルなルールをつくって全国に提案しようとしたのです。それで、悲しい事件や事象を全国レベルで少しずつ減らしていけるかなと。朝の読書運動は子どもた

白菜

ちの読書量を明らかに全国的な数値で変えてしまった。だから、そういうふうな展開にならなければいける。「朝の読書運動」は実践校がいま二万数千校あると思いますが、スタートしてからの実践校の増え方は〝弁当の日〟のほうが早いんですよ。だから可能性としてはとっても大きいと思っています。

『弁当を作る』の詩はもともと頭の中にあったので、ずいぶん短時間でできあがりましたが、第二節の二〇行のうちの最後の「家族がそろって食事をすることを楽しいと感じた人は家族の愛に包まれた人です」だけ、入れようか、除こうかととても迷いました。「家族と食事をすることなんか楽しくない」ってはっきり言ってる子どもたちがいます。その子どもたちが「なんだ、俺は家族の愛に包まれてないのか」というふうに言い出したときに、ちょっとこの表現はきついなと思って迷ったんです。

あとは、二〇行のなかに家族という言葉を六回繰り返し、滝宮小学校の学校目標と教育学者・齊藤孝さんの『子どもに伝えたい〈三つの力〉』（ＮＨＫブックス）の二つ、「段取り力」と「まねる、盗む力」を入れた。また、農業高校の生徒たちが偏見のなかにいることも改善したいということや、農家の人たちの後継者問題とかも含めて、ぼやいていても世の中が変わらないのであれば具体的に変えられる子どもたちを育てようとしました。

「守備範囲」という自主規制を超えて

鎌田さんの諏訪中央病院再建の過程は、私に「弁当の日」スタート時を彷彿させた。それは、閉塞状態に陥った組織は無意識に「自主規制」をしているということ。「責任」を問われる場面を作らない、「問題」が発生する場面を避けるという「自主規制」という霧が山頂を見えなくしているのだ。山頂を目指して歩み出すことが霧を突き抜けるきっかけになることがある。そんな想いがした。

空気に染まるのでなく、空気は作ればいい

鎌田　僕と先生は一歳違いで僕のほうがひとつお兄さんだけど、ほぼ同世代です。僕たちは貧乏ななかで一生懸命生きながら働いて、がんばってがんばって豊かにはしてきて、一九八〇年代ぐらいから豊かにはなったんだけど、何か大切なモノを置き忘れてきたような気がしだした。特に僕が見たアンケート調査だと、僕たちの国よりGDPがうんと低いような東南アジアの子たちが幸せ感を感じてて、日本の若者や子どもたちは感じていない。僕たちの時代は貧乏だったけど、子どものとき、決して不幸せではなかったなと思いながら、どっか、おかしいんじゃないかなと思った。豊かで便利になったけど幸せから少し遠

くなったという現実。この〝弁当の日〟ってそういうものをくつがえそうとしている。

僕にとって何がおもしろいかというと、流れに棹差しているところ。このごろ嫌いな言葉でKYというのがあります。学校のなかでも流行っていると思うけれど、空気が読めない子をばかにしてるんじゃないかなと、勝手に想像してるだけですけど。空気なんか読まなくたっていい。竹下先生は空気を読んでなんかいない。空気を読んでたら、職員室の空気だってやる気ムードではないだろうし（笑）、お母さんたちの空気だって全然やる気ではない。

僕は新しい医療をやろうとしたときに、空気を読むとか、空気に染まるということはむしろ排して、空気は作りゃいいんじゃないかと考えました。その教室のなかにある空気をどう作るかが問題で、みんなが空気を読み出すと、結局大きなものとか長いものに巻かれろ式になっていく。それが僕たちの国を少しずつおかしいほうに行かせてしまった。いま大事なのは、空気は読めないといけないんだけど、読めないふりをしながらあえて空気を作るというふうに考えていけば、職場の空気も変えられるし、教室の中の空気も家庭の中の空気も変えられるじゃないかと。〝弁当の日〟って、まさに空気を変えるとか作るのに、適した手法じゃないかなと思いました。

竹下　空気が読めるというのは、既成の枠がわかっているっていうことですね。既成の枠からはみ出すことをしないで、はみ出す可能性のあるものを次々と消去していくと、もう本当にやせ細った中身しかなくなる。

私は義務教育の世界で仕事をしていますから、子どもが「いってきます」と言って家を出た瞬間から、学校生活が終わって家に帰って「ただいま」っていう、ここまでが守備範囲なんです。私たちは「学校管理下（かんりか）」って言います。登下校の交通事故も、学校の中での事故やけんかも管理下だから先生たちの責任になる。

私が提案した〝弁当の日〟というのは、子どもが「ただいま」って言ってから翌日「いってきます」って出かけるまでの「管理下外（かんりかがい）」の時間帯なんです。明らかに義務教育関係の先生たちの守備範囲とは違うところに踏み出して、なおかつ責任を持つと言っている。

たとえば家庭の台所で包丁を持つとか、ガスコンロで云々というのは、常識的に言えば親の責任です。けれど、学校が責任をもって教えますよ、家庭科の授業で弁当づくりに必要なものは、一学期に前倒しをしてちゃんと教えますからといって〝弁当の日〟を始めたのです。なおかつ、親自身ができてないからだめなんだとは一切言わなくて、できるようになったら親が助かりますよ、というふうな話のしかたでもっていった。

私は鎌田先生の病院の経営のなかに、明らかに病院のお医者さんの仕事、あるいは看護師さんの仕事というのを超えた、踏み出してやりたいことをやろう、今こういう状態であれば、医者として看護師としてこんなことをやりたいと思ったらやっていこうや、それが

FILA
2
半

自分の守備範囲内なのか外なのかは、とりあえず横においておこうと思われたと考えています。

子どものすこやかな成長というのは私たちの目標であるし、親の目標でもあって、おんなじ目標なら敵対することは絶対ないと考えたのです。そういうスタンスでやり始めたら、学校がそこまでしてくれるんだったら、保護者のほうもなんとか応援しようという気持ちが湧いてきた。〝弁当の日〟のおかげで、残業で遅くなって帰ってきたときに子どもが食事を作ってくれた。こんなことまで学校がしてくれるのなら、受け持ちの先生がちょっとミスをしても、先生たちががんばってくれているのだから、フォローしよう。そんなふうに変わりだすと、教師はとっても仕事がしやすくなる。

教育も医療も地域とつながって

鎌田　なるほど。それは同じですよ。僕が三五年前に東京の大学を卒業して、長野県の茅野へ行って、先生の町よりはちょっと大きいぐらいかな、僕が行ったころの人口は三万九〇〇〇人、今五万七〇〇〇ぐらい。行ったら、脳卒中が多かった。日本でも有数の脳卒中の多発地域だったし、短命、早死の地域で、医療費の高い地域でした。
はじめは、あたりまえなんですけど病院で救急車が来るのを待っていてその人を治して、僕たちはそれを仕事としていたんだけれど、こんなふうに病院でじっと待っていていいのかなと思って。特に、脳卒中は、救急車で運ばれてきて、いくらいい治療をしてもたいがい障害が残っちゃうんです。

倒れないことのほうが大事なんじゃないかと思って地域に出たんですよね。年間八〇回、全くボランティアです。仕事が終わってから公民館で。茅野って八ヶ岳山脈の裾野で広いんです。九三あった公民館を全部回ろうと思った。当直とかがあって結局は回りきれなくて、八〇ヵ所。

東京の同級生たちはすごく心配してくれて、ばかなことするなって言うわけ（笑）。俺たちの仕事は、病院で待っててていい。地域が不健康だっていいじゃないか。お前は、累積赤字が四億円のつぶれそうな病院を再生しに行っているんだから、申訳ないけどバタバタ倒れてもらって救急車で運んでもらって、お前が全力でそれを治して病院の経営は成り立っていくんだ。それで充分だと、それが医者の仕事じゃないかと。

なんかおかしいなと思いました。倒れてリハビリして足をひきずって帰っていくより、足をひきずらないですむ生活のほうが絶対いいって僕は思ったんです。脳卒中で倒れないようにしてあげる予防が大事って思いました。結局それで、時間はかかりましたが地域の人たちとの信頼関係ができた。こんど来た先生たちはこんなことまでしてくれるのかと思ってもらえました。今までは東京の病院に行ってたとか、隣町の大きな病院に行っていた人たちが、なんかのときに諏訪中央病院を使ってくれればいいわけだから、健康づくり運動というのはすごく大事なんじゃないかなと思ったんです。
地域とつながることによって僕たちの病院は地域から見ることができるようになりました。健康づくり運動が終わったあと、主婦の人たちと車座になって、病院はこうあってほしいなとか、このまえ病院でこういうことを言われてすごく落ち込んだとか、そういう話を聞きながら、病院はどうあるべきかということを学べたんです。先生が言うのと同じで、教育は教育の現場のなかだけで考えるんじゃなくて、医療は医療の現場だけで考えるんじゃなくて、教育も医療も地域とつながることによって新しい視点が生まれるのかなと、先生の二冊の本を読んで感じましたね。

竹下　私がよくするたとえ話で、一枚の紙が学校教育の守備範囲であり責任、もう一枚の紙が家庭教育の守備範囲や責任。二枚の紙を横に並べて隙間を無くするのではなく、学校教育と家庭教育の重なり部分（のりしろ）を作りませんかと言っているんです。のりしろをたくさん作ったら、それが結局五〇%、五〇%で一〇〇%になるんじゃなくて、一〇〇%、一〇〇%で一〇〇%になるんだと。その考え方をすべての親たちが持てば、子どもたちはもっと普通に大人に成長していけるだろうと。
学校がうまく教育できてないから子どもが伸びてないんだとか、親がだめだから教育効果が上がらないとか言っているうちは改善は進まないから、とにかくできることをしよう。講演活動をしていて、はじめのうちはわからなかったんですが途中から、あれ、もしかし

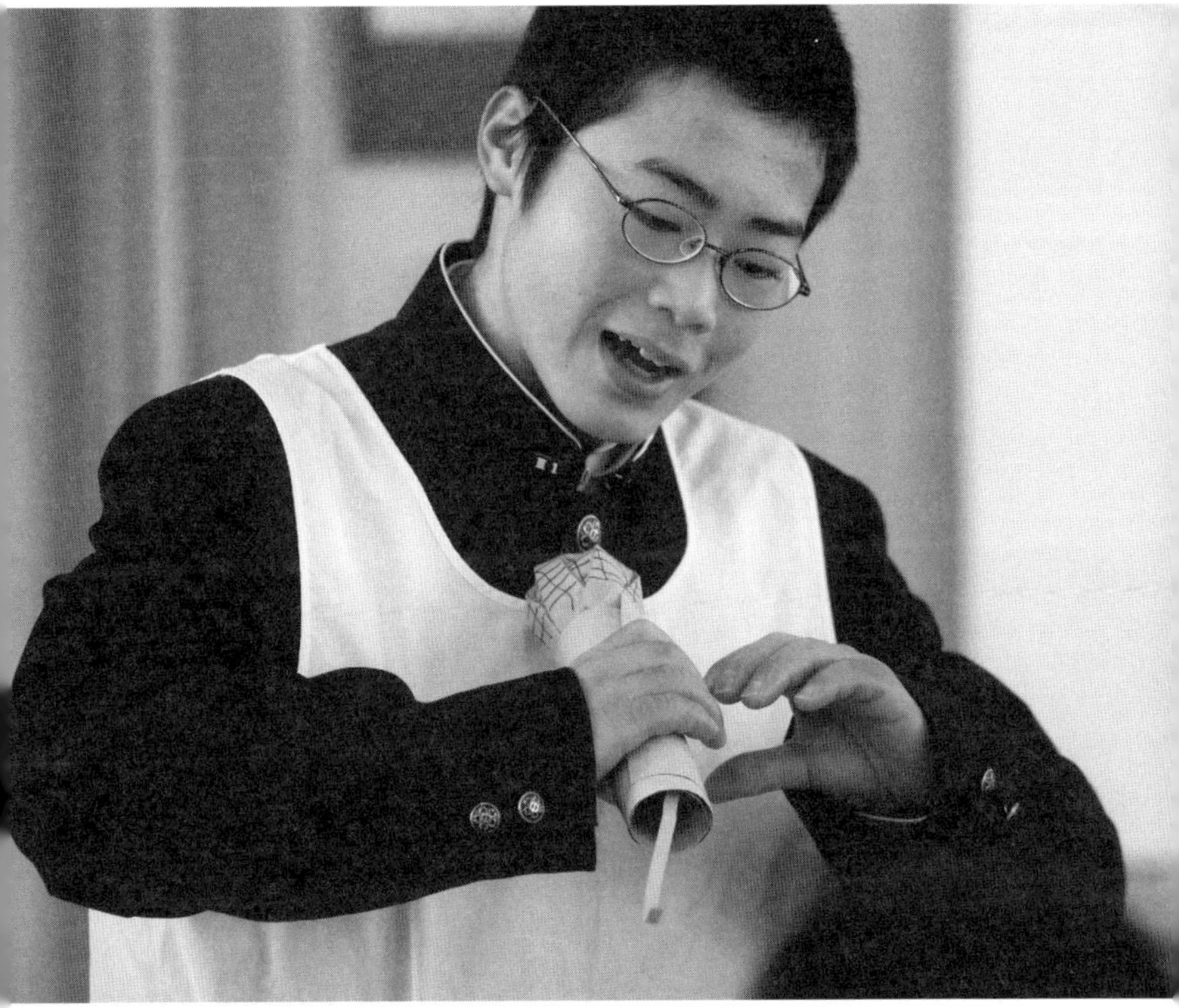

たら、と思ったことは、お年寄りが多い講演会場で〝弁当の日〟はこういうルールだと話したら、もうそれだけであと説明しなくていい。それが、若い親たちがほとんどの会場で話をすると、なんでそんな面倒なことをするのかと反応する。出来上がったものを買ってきたら済むし、給食はあるし、なんでそんなことをするのかという表情をしている。それは子どものときに家事をされたお年寄りと、家事をしていない若い人たちの差なんです。

結局、体験によってその価値を見出している人には説明はいらないけれど、体験をしてなくて価値がわからない人には、体験をさせないとスタートが切れない。この考えがあったから「弁当の日」は見切り発車で行った。反対されたなかでのスタートなんです。だけど、やってみたら全然違っていた。こんなに楽しいことがあった。親子の会話は増えたし、子どもは得意そうな顔するし、普通の卵焼きを家族中で大騒ぎしながら食べたと。その様子を子どもがうれしそうに見ていたと。ああ、これを校長はねらってたのか――。

もし私が最初から何もかも提示してしまうと、その場面をつくるために動きはじめてしまう。シナリオどおりに家族団らんの演技をしなさい、ということになる。それはもうとにかくやめてほしいと思って、「弁当を作る」の内容を職員や親や子どもに提示しなかったのです。体験前に教えることではなくて、体験を通して自分で気づくことなのです。結果的にはやっぱり私が予測したとおりになりました。

家族の間に深まる大切な存在への気づき

「弁当の日」の実践校が全国に広がっている。その背景に何があるのか。そこから、子どもが台所に立つことの根源的な意味を探っていく。鎌田さんの少年期の思い出話もでて、「心の空腹感」や「いのちを和える」という言葉がキーワードになり、〝弁当の日〟をとおして家族の中に生まれる絆や力が見えてくる。

鎌田　今、「弁当の日」の実践校が全国で五〇六校でしたっけ。どうして「弁当の日」が広がりだしていると思いますか？

竹下　逆説的な言い方をすると、「弁当の日」を実施することによって改善しなければならない状況が深刻になってきたと思っています。だから、子どもたちの置かれている現状に強い問題意識を抱いている人の中で、〝弁当の日〟を知って、「そんな方法があるんですか。ぜひ導入して改善したい」と言っている人が多いです。私は子どもたちの憂うべき状況を「心の空腹感」と表現しています。子どもが日々の生活の中で自分が存在しているという価値を充分に見つけられなくて不安にかられている。それを〝弁当の日〟が救ってくれそうだ。よい結果が実践校の報告の中に見えるから、やってみよう。そういうふうになっているのかなと。

鎌田　わかるんだけど、弁当じゃなくても何かやれそうな気がしないでもないよね。

竹下　弁当を作るという方法の効果が大きいのは、食べたもので体ができているってことです。たとえば洗濯をするとか、玄関の掃除をするとか、庭の草抜きをするとかは体の外の事柄です。でも、食べたものは体そのものになる。だから〝弁当の日〟の効果は掃除、洗濯という家事とは全く異次元のものと言えるのです。食べたものは体をつくって、心をつくって結果的に生きるっていうことに直結しているわけですから。それでなおかつ弁当というのはコンパクトです。

始めから終わりまで起承転結のすべてを含んだ弁当のほうが、取組みとしてはやりやすい。会社に行ってお父さんが、このワイシャツ、娘が洗ってくれたという人はあまりいないでしょうけど（笑）、弁当は娘が作ってくれたという自慢話になりやすい。

鎌田　今、先生のおられる香川県のなかでも広まっているんですか？

竹下　今、香川県では実践校は一四校です（二〇〇九四月三〇日現在）。この数は全国で七番目です。「弁当の日」発祥の県としては少ないと思っています。

実践校が増え始めたのは、福岡県の西日本新聞社が二〇〇五年六月に国分寺中学校に取材に来て『食卓の向こう側』という特集記事で取り上げてくれたのが大きかったです。西日本新聞社は、いわゆる事実を報道するだけの報道記事ではなくて、特集として組んで、〝弁当の日〟の価値は何なのか、その波及効果はどうなのかということを連続して記事にして、講演会やセミナーを開催してまた記事にして、ラジオ・テレビで流して、実践校ではこんなふうに家庭や学校が変ってきていますと繰り返してくれました。「弁当の日」の学校の様子を報道すれば終わり、ではなく〝弁当の日〟で「食卓の向こう側」を変えようとしたのです。

〝弁当の日〟を広げようとする人も生産者や助産師、医師、大学教員、議員、県職員、生協、NPO法人、漫画家と増えていきました。いろんな方が多様な〝弁当の日〟をすることによって明らかに〝弁当の日〟に挑んだ子どもたちや若者や家族が変わってきている事実を共有するようになりました。

私は、『〝弁当の日〟がやってきた』という本のあとがきに「日本の農業を変えたい」と書いています。初めから農業のことを言っても相手にしてくれないと思ったんで、講演でも農業にはあまり触れずにいました。でも昨年の秋、東京で開催された全国JA研修会に呼ばれたとき、「あなたたちはたとえば田植え体験、稲刈りの体験、餅つきの体験というかたちで学校と連携しているけれど、そんな活動は一〇年続けても米づくりができる子どもには育たない。米づくりができる若者を育てるのなら全行程を体験させる必要がある」と訴えました。

「たとえば食料自給率や地産地消の問題に取り組むとき、根本的に解決していかなけれ

ばいけないことは、食材を見て料理を作ることができる国民を育てることなんだ。それをすれば、あなたたちが作った農作物は売れるようになりますよ、感謝されるようになりますよ。調理済みの冷凍食品を電子レンジでチンするだけでしか食べることができない国民になってしまっているから、そこから変えていきませんか。料理ができない国民は調理済みの冷凍食品を買うことになる。調理済みという付加価値の安さで中国と競争したら勝てるはずがない」と言ったのです。

この反響はとても大きかったです。「目からウロコ」の講演だった、ぜひ私たちの地元で講演をしてほしいと全国からオファーが入り始めました。今は農業関係者、あわせて漁業の人からも私にメールが届くようになりました。

「台所に立つこと」は価値がないと、ずっと教えてきた

鎌田　先生は、先生をやりだして何年になりますか。

竹下　三八年目です。

鎌田　以前に比べて、「弁当の日」から何か子どもたちは変わりましたか。心の空腹感っていうのは変わってきていますか。

竹下　「弁当の日」で言えば、二つ、端的な事例があるんです。ひとつは、遠足のときに持っていく弁当を親が作らなくなって、とっても豪華な弁当を持たせてもらった子どもが、

次の秋の遠足のときにまた豪華な弁当を買って持たそうとしたら、「おにぎりだけでいいからお母さんがつくって。いっぱいご馳走があってても何にもうれしくない。おかずなんにもいらない、おにぎりだけでいいからお母さんがつくって」と言った。

もうひとつは国分寺中学校で「誰かに食べてもらいたい弁当」を作らせたときに、事前に献立を考えさせて、誰にプレゼントするかを考えて、作る練習をしていたのに、本番で一〇〇%冷凍食品の弁当を持ってきた中学校三年生の女の子がいました。

鎌田　献立を考えていたときも、一個一個、彼女の頭の中は冷凍食品だったんですか？

竹下　いや、違うんです。お母さんのところにいって、何を食べたいか聞いて、それを作る練習を家庭科の授業でしたところまでは手料理です。本番で二個作って、一個はその人にプレゼントして、一個は学校へ持ってきなさい。で、持ってきた弁当は一〇〇%冷凍食品。受け持ちの先生が、手料理は入れなかったの？　と聞いたら、「私は中学三年生になるまで親の手料理を食べたことが一度もない、だから仕返し弁当だ」。

「私は手間をかけて育てる価値のない存在なのか」という親への問い、それが子どもの「心の空腹感」なのです。香川県で佐藤初女さんの講演があったとき、「料理というのは食材のいのちを奪うことである。食材のいのちを生かすことである」ということをおっしゃられて、とっても印象に残っています。

鎌田　僕もお会いした。佐藤初女さんが結んでくれたおむすび、おいしかった。

竹下　私は〝弁当の日〟関係でいろんな取組みや情報を発信する中で、初女さんのその言葉のあとに付け足しているんです。「料理というのは作る人が食べてもらう人のために食材のいのちの中に自分のいのちを和えること」だと。三〇分、時間を費やしたら、その人の三〇分ぶんの命がその料理のなかに入るんだと。私がおふくろの体内に生命として宿ったときから、おふくろが私に食べさそうとして台所に立ったすべての時間分、おふくろから私はいのちをいただいてきたと感じています。

たぶん、いのちが入っているかどうかということを子どもは感覚的にわかっているんです。たとえばコンビニの弁当も、当然食材を作った人や、調理をした人や運んだ人のみんなのいのちは入っているわけです。だけども自分と血のつながりある人、あるいは家族の人たちが自分のために時間を使っていのちを和えてくれている。それを食べたいんだと。それこそが自分が存在する価値を作ってくれた人が行為でもって示してくれているんだ、そのことに子どもは飢えているらしいと感じているんです。

私は生徒たちに「手料理を作ってくれないと簡単に親を責めるな。台所に立つことは価値がないと日本国中で教えてきたんだ。現実に家庭科の授業が少なくなるとか、家庭科の授業を英語や数学の授業に振り替えるとかいうことがずーっと蔓延してきて、結果的に家族のために料理を作るということの意味や価値を伝えずに日本は何十年もやってきた。だけど〝仕返し弁当〟だということは手料理を作ってほしいということでしょう。先生たちはみんなに、作ってやれる人間になってほしいと願って〝弁当の日〟に取り組んでいる」と話しました。

鎌田　その生徒は次の「弁当の日」に手料理を作れたんですか？

竹下　確認できていません。「誰かに食べてもらいたい弁当」は「弁当の日」三年計画の最後ですから。

鎌田　最後だから、次の「弁当の日」はなくて卒業しちゃったわけ。そうか。いつか仕返し弁当でなく愛情弁当を素直に作れる子になってほしいな。祈るような気もちです。

竹下　たとえば、佐賀県の小学校五年生の子が、朝五時に起きて三つの感謝弁当を作った話があります。お父さんのための弁当、おばあちゃんのための弁当、そして自分の弁当。

お父さんは単身赴任で大阪にいて土日になると佐賀に帰ってくる。月曜日の朝、大阪に帰る新幹線のなかで朝ごはんを食べるんですが、それが感謝弁当のひとつだった。

もうひとつは、自分が小さかったときに自分のために食事を作ってくれていたおばあちゃんが今入院している。そのおばあちゃんのために弁当を作った。もうひとつは自分のために。残ったご飯やおかずをお母さんや兄ちゃんたちが食べる。そういう設定のなかで小学校五年生の女の子が五時に起きてひとりで台所で弁当を作りはじめる。お父さんとお母さんが台所の椅子にすわって、ずーっと泣きながら見ているんです。両親が泣いているのを見ながら娘さんが弁当を作っているんです。これは親子のすごい絆をつくります。

鎌田　そうですね。

竹下　で、ひとつはお父さんに渡すでしょ。もうお父さんは受け取りながら泣いていますよ。新幹線のなかで食べて、会社に行って、お昼休みになって自宅へ電話をかける。新幹線の中で泣きながら食べたと。おいしかったって必ず娘に伝えてくれと。

お母さんが病院に持っていった弁当を、おばあちゃんがベッドの上で正座をして受け取ったそうです。おばあちゃんの言葉がまたすごいんです。「自分は結婚以来、今までどれだけたくさんのお弁当を作ってきたかしれない。だけど、作ってもらったのはこれが初めてだ」って。

それを、孫娘が私のために作ってくれた、ありがとう、ありがとう。おばあちゃんもベッドの上で泣きながらその弁当を食べている。お母さんも泣きながら食べているおばあちゃんを見て、三つ目の弁当を学校で食べてきた娘が帰ってきたら、お父さんとおばあちゃんが泣きながら食べたと話す。

こんな話を聞かされると、子どもは横道にそれないです。自分の成長を喜んでくれる家族がいるってことは、自分が勝手なことをすると悲しむ家族がいるということです。こういう場面が〝弁当の日〟をすれば、子どもたちの家庭に起きてくると思っています。学校が〝弁当の日〟なんてしなくても、こんな場面が日常生活のなかで出てきているといいのですが。

子どもの学ぶ力見出す親たち

鎌田　弁当が家族の絆をつくるんですね。家族ってむずかしいところがある。血がつながってるからとか、同じ屋根の下で生活しているから分かりあえるって日本人は思ってしまいがちだけど、ほんの少し努力と工夫が分かりあうために必要なのです。弁当っていいですね。家族の絆だけでなく、生活力を作ってあげられる。子どもが買い物に行って、きちんと計算してできるだけ安くあげるようにする。子どもたちはスーパーで旬の素材を探す。新鮮でおいしそうなものを探そうという努力をするわけでしょ。

竹下　子どもだけで献立、買出しって、全部することになっていますけど、現実には店に行くまでに親の車に乗るわけです。「弁当の日」だけじゃなくて、日常生活の中で晩ごはんの食材を買いに行く。そのときに、子どもは自分が弁当づくりをするのに必要かなと思うことについて親に質問している。

それまでは、「買い物に行こう」って言ってもついてこなかった子どもたち、あるいは無理やり連れてくるとスーパーのお菓子売場に行って、自分の好きなお菓子をかごの中に放り込んだらあとは漫画を読んでいた子どもたちが、「弁当の日」が始まったら、入口の野菜のコーナー、果物のコーナー、肉のコーナー、魚のコーナー、調味料、乾物、乳製品、惣菜のコーナー…、ぜんぶ一緒に歩いて、ずーっと親に質問攻めなんです。

親のほうはこれまでわが子に「何度言ったら分るの！」と叱ってきてバカな子だと思っていたのに、スーパーで教えた買い物のコツは一回でしっかり覚えている。「なんだ、バカじゃなかったんだ」という親の気づきも大きな収穫になりました。「弁当の日」をすることによって生まれた、親子の日常の会話が知らず知らずのうちに絆を深めていくのです。調理をしていても同じことです。

二人の子どもがいるお父さんが、「弁当の日」が始まって四年目になったときに、私にこんな話をしてくれました。

上の子は「弁当の日」を経験せずに中学生になっている。下の子は今、弁当づくりをしている。明らかに違う。スーパーに買い物に行こうといっても、上の子は部屋から出てこない。下の子は一緒についてくる。調理をしていても下の子は一緒に作るけど、上の子は二階から降りてこない。「ご飯ができたよ」って言うと上の子が部屋から出てくる。食卓につくと、上の子はテレビを見ながら食事をする。下の子は家族と楽しそうに会話をしながら食事をする。しかもおいしそうに食べている。ごちそうさまをしたら、上の子は部屋に帰ってしまう。下の子は母親と片付けをする。

「弁当の日」を始めるまでは姉妹とも同じだった。そのお父さんはしんみりと言いました。

「妹のほうが幸せな家庭を築くと思う。〝弁当の日〟はすごい！」

「弁当の日」で差ができた。こういうことがいくつかの家庭で起き始めたんです。

鎌田　お金をどう大事に使うかとか、どうしたら安くていいものが手に入るかとか、子どもの時期から学んだほうがいい。そういうことを経験しないから、お金でだまされてしまって借金を抱えこんだりとか。小さいときからやっぱり、わずかのお金で家族全員がどうやったら喜んでもらっておいしいものを食べられるかとイメージをふくらませることができるって大事です。いいものを選ぶ感性とか眼力とかっていうものは、自分が作ろうとしない限り、見たってなかなかわかんない。〝弁当の日〟はそういう意味でも子どもたちに大事な教育になっているかなって思いました。

「ペットボトルのお茶」しか知らない家庭も

竹下　「弁当づくりは、子どもひとりではむつかしいから、親が手伝ってあげてくださいね」と言うと、もうほとんどだめになるんです。日本中が物質的には豊かな社会になったから、過干渉傾向の親は多い。いっぽうで教えてあげられない親たちも多くなっていますが、これは親の責任だけにしてもしょうがない現実がある。

一年ほど前、ある幼稚園の保護者を前に講演をしていたら、最前列に座っていたお母さんが「先生、お茶って家で作れるんですか」って言うのです。「お茶の木を栽培することかな」と思ったのですが、「どういうことですか?」と問い返すと、「いや、ペットボトルの中に入っているお茶は家で作れるんですか」って聞き返してきたんです。「やかんでお湯

を沸かしてお茶っ葉を入れたらできますよ」と言ったら、「えー！　お母さんがそんなことをしているのを見たことがない。お母さんはいつも家族が飲むお茶はペットボトルで買ってきていた」と。鍋でお湯を沸かすことができない、やかんでお茶を作ることができない世代が今、子育てをしているんです。

そのレベルの家庭があることがわかっていて「弁当の日」をスタートさせているのです。だから、学校がちゃんと教えるからやりましょうって言ったのです。子どもにいろいろと弁当の作り方を問われても答えられない親が板ばさみになって窮屈な思いをしていることと思います。けれど、そういう親が、「弁当の日」をやめてほしいと言ったり、コンビニ弁当を子どもの弁当箱に移し替えることをしながらでも、ほかの子たちが少しずつ作り始めるのを聞いて、じゃあ作らせてみようかと考えはじめるのです。

そういうふうに、私は親を変えようとしたんじゃないですけど、子どもが作れるようになりたいと思ってがんばる様子を見て親のほうが動き始めたケースもあります。つまり台所に立たなかった親が台所に立ち始めたのです。

鎌田　さきほどの佐藤初女さんは、学校でつまずいている子どもたちなんかが泊まりにやってくる「森のイスキア」という不思議なペンションを青森で経営しています。彼女が僕に握ってくれたおむすびをいただきました。ただのおむすびなんだけど、やっぱり何か違う。おむすびに入れる梅も彼女は自分の段取りできちっとして作っている。たぶん握り方も初女さん流でちょっと違うのかな。

料理研究家の辰巳芳子さんの家に呼ばれて、**辰巳芳子のスープ**をいただいた時にも、感心したのは、彼女はすごくお米にこだわっていて、「お米の文化が終わったら、鎌田先生、だめなのよ」って。「要するに私が作っているスープも、私が作る料理も結局全部、段取りというのが大事で、日本人にいちばん段取りを教えてくれたのは米づくりだった」と彼女は言うんです。米づくりが粗末になっていったら、日本の工業製品だってたぶんダメになる。世界で売れる車を造れるのも段取りがきちっとしてるから。ああいうものをつくれる国民がいっぱいいたら世界に負けない。

結局農業のところをしっかりできるよう維持し続けないと、佐藤初女さんや辰巳芳子さんが得意としている「食」のことだって崩れてしまうし、車やカメラなどの製品も崩れてしまう。二人の「食」のプロが、段取りの必要性を語っている。で、先生の本を読んでいるときに感じたのは、やっぱりものすごく段取りを大事にしています。段取り力の教育になっていますね、〝弁当の日〟というのは。

〝弁当の日〟と〝ありがとう〟

死を待つだけの厄介者であった入院患者が「ありがとう」のひと言をきっかけに、劇的に快方に向かった。「ありがとう」は、言う人にも言われる人にも「生きていてもいい」というメッセージを伝える魔法のことば。学校・病院・家庭でも効き目は大きい。〝弁当の日〟は家庭に「ありがとう」を生み出す。

治療する側、してもらう側隔てる壁が崩れるとき

竹下　『〝弁当の日〟がやってきた』の最終的な原稿は椎間板ヘルニアの激痛の中で書きました。原稿を自然食通信社に郵送した後、病院でMRI検査をすると「今から手術するがかまわないか」と言われ、手術を受けました。一週間後に個室から六人部屋に移りました。そこにすごいおじいちゃんがいたんです。そのおじいちゃんは看護師さんがやってきて世話をすると排泄物をぶつける、なすりつける。点滴をしようとすると針を抜き取る。どうしようもないからと、ベッドに手足を縛りつけた状態で、おむつを換えたり点滴をしたりしていたのです。食事をさせてもらっても、ひげを剃ってもらっても、ずーっと怒ってばかりで、「ありがとう」とか、してもらって「気持ちがいい」とか、そういう感謝の言葉は

全く出ない。

看護師さんが話してくれたのは、もうどこの病院でも受け付けてもらえない状況でこの病院にやって来たとのこと。行く病院、行く病院で悪態をついて看護師の仕事のじゃまをして手に負えない。私がカーテンの隙間からちらっと見たときに骨に皮がはりついたぐらいの体つきで、黒ずんでいました。

ところが私の退院が近くなったころの朝に、突然そのおじいちゃんが看護師とふつうに会話をしたんです。ビックリしました。観察癖のある私はビデオテープを巻き戻すようにして、今朝から何があったかをチェックしました。思い当たる場面がありました。看護師が今朝、部屋に入ってきたときに、みんなに「おはようございます」って言いました。そのときなぜか、いつもは挨拶もしないおじいちゃんが「おはよ」って言ったんです、小さい声で。するとその看護師がすっと後戻りしてきて「わあ、おじいちゃん、おはよう言ってくれたな。ありがとう」って言ったんです。そこから、お年寄りが変ったんです。会話が始まった。

おそらくそのおじいちゃんはここ数年間、「ありがとう」って言ってもらったことがなかったんだろうと想像しました。「ありがとうって言いなさい」「感謝しなさい」「お前は厄介者だ」という雰囲気のなかで暮らしてきている。ところが「おはよ」って言葉を返しただけで、「ありがとう、挨拶してくれたね」って言われた。それは自分の存在を喜んでも

交通規則を守りましょう
にんタマ三人くみの
あさごはんとうばん

らった数年ぶりの快感だったんだ。

私はすぐにナースセンターへ行き、看護師さんたちに「あのおじいちゃんに何かしてあげるたびに、『させてくれてありがとう』って言ってください」って頼んだんです。そしたら見事に変りましたね。何をしてもらってもおじいちゃんは「ありがとう」って言うようになり、「ありがとう」を言われる側になりました。それからおじいちゃんはちゃんと食事をし、治療を受け、血色がよくなり、看護師と談笑するまでになりました。

これは私にとってもいい勉強になりました。実は私のおふくろが、呆けがどんどん進んでいって、しかも、いろんな身の回りの世話をさせないので困っていたんです。そこで私が「おばあちゃん、親孝行したいときには親はなしという言葉を知ってるか」と聞くと、「知っとる」と言うので、「そしたら、おばあちゃん、親孝行させろ」って頼んで、服を脱がせて風呂に入れて体を洗ってやりながら、「親孝行さしてくれてありがとう」って言ったのです。すると横をむいて、ほんとにいい顔して、「お前がそう言うてくれるとうれしいわ、うれしいわ」って言いました。

私は、鎌田先生は諏訪中央病院経営のなかで、治療する側とされる側という関係をくずしてしまって、もっと根源的なところで医師と患者が病という課題に向かって動いてみようとしたんだと思っています。世の中には良いものと悪いものがあって、悪いものを排除してしまうことが「がんばる」ことなんだと考えがちだ。だけど、「がんばる」ということだけで医療を通すのではなくて、つまり病気を排除するだけじゃなくて病気と一緒にいるという選択肢を持ち込まれたのではないでしょうか。

実は、森羅万象には「がんばらない」という世界があって、なぜ病気は治せないとだめなのか、負けたらだめなのか、負けてもいいこともある、がんばってもかなわないこともある、そういう丸ごと抱えた感覚というのを病院の経営全体に、看護師全体、医師全体、それを地域医療に持っていかれたのだろうと思うんです。

「してもらう」より「してあげる」喜び

鎌田　いま先生が言われたことは二つあるけど、初めのほうの話と同じような経験があります。僕が健康づくり運動を始めた頃、「『脳卒中で死なないために』という講演を聞いたけど、うちはもう寝たきり老人がいる、脳卒中になっちゃったおじいちゃんがいる」という話をしてくれる人がいました。一年以上お風呂に入っていない寝たきり老人たちが三五年前には日本中にいたわけです。初めて寝たきり老人を診させてもらって悲惨だなと思った。その人たちを見てみぬふりしないぞって思った。

そうした経験から「お風呂に入れちゃう運動」というのを始めました。今までのお医者さんでは考えられないようなことを始めてしまった。そしたら、お年寄りを風呂に入れてくれる医者がいるのか、ほっとけないぞって住民がボランティアで集まりだした。

ボランティアの中にすてきなおばさんがいました。右片麻痺のおばあちゃんの背中を流してあげたんですね。おばあちゃんは一年以上お風呂に入っていなかった。おふろに入れちゃう運動で温泉に連れ出して、温泉を時間借りして、そこで障害のある人たちをお風呂に入れてあげてたんです。そのボランティアのおばさんが背中を流してあげたら、おばあちゃんがものすごく喜んだ。「こんなに生きててうれしかったことはない」って。

そのあと、そのおばあちゃんがどうしたかというと、お礼がしたい、私も背中を流してあげたいって言い出した。僕はまだ三〇歳ぐらい。若い医者でした。そのボランティアのおばさんは五五歳ぐらいでしたが、ぽんと背中をかしたんです。水着を着てお風呂の中でお世話をしてたんですけど、水着の肩をはずして胸を隠しながら背中を出して、「じゃあ、おばあちゃん洗って、私もうれしいわ」って。おばあちゃんは左手でボランティアの背中を一生懸命流したんです。

先生の話と同じで、そのボランティアが「ありがとね」って言ったら、おばあちゃんは前よりもっとうれしそうな顔になった。結局何かをしてもらうよりも、人間って何かしてあげる——、お弁当を作ってもらうのもうれしいけど、お弁当を作ってあげる、してあげることに喜びを感じるのですね。

竹下　『台所に立つ子どもたち』のあとがきに、そのことを自分なりに書いたつもりなんです。結局人間というのは、単独生活ではなくて社会生活というのを営みはじめてここまで繁栄してきて、人のために役に立つということをしっかり手のなかにもてないと、心はどんどんすさんでいって、自分という人間は生きてて価値があるのか、意味があるのか、そこまで追い込まれていくような、本能に近い根源的な懐疑とか飢えの感覚を持ってしまっている。だから自分が世話をする側になったり、自分がしたことに「ありがとう」という言葉が返ってきたりしたときに、生きていてもいいと感じる。

すべての子どもを救うには、「生まれてきてくれてありがとう」「生きてくれているだけでありがとう」そこがスタートになると思うんです。今私は学齢期の子どもたちを相手にしていますから、あなたたちがしたことを喜んでくれる人がいることを忘れるな、そのことをまず家族のなかで体験しなさいと言っている。娘さんが弁当を作ってお父さんに渡したら、お父さんが泣いて喜んだという話を、今勤めている学校で話をしたら、即一週間後に女子生徒が「ほんとやった、校長先生」って言ってきました。日曜日、自分の部活動の弁当と一緒に、仕事に行くお父さんの弁当も作ったらお父さんが半泣き状態だった。

鎌田 男親は弱いよね（笑）。

竹下 「あなたがした行為に対して喜んでくれる人がいることを絶対忘れるな。そのことを大切にしなさいよ。そういうことを私は〝弁当の日〟で伝えようとしているんです」と保護者に訴えています。保護者は、あっ、そういえばちゃんとそのことを子どもたちに伝えるような場面はなくて、ふだんの会話のなかでは「勉強しなさい」「早くしなさい」「それしたらだめ」…そういうことばっかりで、「生きててよかった」とか、「あなたのおかげで助かった。ありがとう」とか、そういう会話が親子で本当になくなってきていると言うんですね。

鎌田　偏差値なんかで人間を見ていないと言いながら、成績とかに引っぱられている。なにか問題が起こっても、親も成績さえよければいいんだとかね。

竹下　ああ、それはすごいですね。

鎌田　教師も、親も、人間の評価の多様性をつい忘れてしまう。お弁当なんかを作ってみて、彩りのいいお弁当を作っただけで、こんなにほめられるのか、とかね。おいしそうなお弁当をつくっただけで評価される。人間の価値は試験ができることも大事だけど、試験ができることだけじゃなくて、いっぱいいろんな価値基準があるということを、僕たち大人の社会が少し忘れだしているというのがありますよね。

〝弁当の日〟がかわいそうな子をあぶりだす？…

「〝弁当の日〟をすると、弁当を作れない家庭の子どもがかわいそうだ」という声がある。「弁当に差がついて惨めな思いをさせるから均一の給食がいい」という意見がある。それって「家庭の〝かわいそう〟」を学校に持ち込まないでと言っているだけじゃないのか。それは「かわいそうな子は、かわいそうなままでいなさい」ということではないのか。

〝弁当の日〟は「あなたたちはかわいそうじゃない」と伝えようとしている。憎しみの連鎖を切れる強い子を育てようとしている。

「波風立ててもあなたたちを育てる」

竹下　国分寺中学校のときも今の学校も、いわゆる弁当づくりの総決算、総仕上げのかたちで「誰かに食べてもらいたい弁当」という課題を与えているんですけど、その取組みをした一回目のときに女の子が学級日誌に「今まで弁当作ってきたけど、自分の食べる弁当じゃなくて誰かに食べてもらいたいと思いながら作るとこんなにも楽しいとは思いませんでした」って感想が書いてあったんです。その感想がとってもうれしかったんで、放課後になって受け持ちの先生に、「あんたとこのクラスの子がこんな感想を書いてたよ」と言ったら、その先生が涙ぐみながら「別れたお父さんのために作った弁当です」。もう今はいないお父さんに食べてほしいと思いながら、娘が作った弁当だったんです。

鎌田　じゃあ、食べてもらえなかったんだ。

竹下　ええ、食べてもらえてないんです。だのに「考えながら作ると楽しかったです」という感想文なんですよ。すごいでしょ。親がそろっていて、「いつも働いてくれてありがとう」と簡単なメッセージをつけて娘や息子がお母さんにプレゼントするかたちはよくあるんです。でも、渡す親がいないんだ、渡したい人がいない、という子がいる現実を、親として大人としてどうすべきかということ、これがとっても大切な問題だと思っているんです。

私は、「〝弁当の日〟をするとかわいそうな子がいる」という言い方を本当にずいぶんされています。経済的なこと以上に、お父さんがいない、お母さんがいない、両親がいない、家庭がない、台所がない。それから……

鎌田　包丁がない（笑）。

竹下　包丁、まな板、箸がないという家庭もあるんですね。そういうところをどうするのか。多くの人が、そういう子どもたちを「かわいそうだ、かわいそうだから教育的配慮で〝弁当の日〟はやめよう」というような言い方をするけど、それは「かわいそうな状態をそのまま守ってあげましょう」というのとおんなじ意味ですよと言い返しています。私はそういう子どもたちに言ってきたんです。「あなたたちはかわいそうじゃないんだ。あなたたちもやがて親になり、家族のために食事を作る側になる。楽しい家族団らんの食卓を囲むときがくる。そのときのために台所に立てるようにしておきたいんだ。〝弁当の日〟はそのためにあるんだ」

これを大人たちがはっきり言わないとだめだって。「幸せな家庭というのは作っていけるんだと。今それを教えてくれる親がいないからかわいそうだということを言うな」

鎌田　どっかで断ち切らないとね。

竹下　そう。私は全校生徒の前で、食べさせてくれなかったから、食べさせてやらない、という仕返し弁当を作った実際の子どもの話を出して、「憎しみの連鎖をここであなたたちが切らないとだめだ」と言いました。「あなたたちが憎しみの連鎖を切る方法は、自分が手料理の弁当を作って、作ってくれなかった親に渡すことなんです。そこから変わっていくんだ。

その時に親が変われなくっても、少なくともあなたは仕返し弁当を受け取る側にはならなくてすむんだ。そういうことを行動に移してほしいから、私たちは文科省が言っていない〝弁当の日〟に取り組んでいるんだ」って言ってきました。

「〝弁当の日〟に取り組むことによって、朝の忙しいときに台所を占領されて、材料の無駄は多いし迷惑だ、という手紙が来たり電話があったりします。〝弁当の日〟をしなければそういう不満を受け付ける必要がない。

〝弁当の日〟を学校が実践したら波風が立つんだ。でもな、波風を立てることによってあなたたちを育てようとしてるんだ。そのことを忘れないでほしい」体育館で生徒たちに訴えてきたんです。

私はそういうことはわりと生徒たちにはっきり言います。生徒たちは聞いてくれているんですよ。

私の耳に届かないかたちで「あの校長が勝手なことするから〝弁当の日〟がある」「給食食べていればそれでいいのに」とか、「弁当作ってる時間なんてない、私がどれだけ夜遅くまで仕事をしていてくたびれているかわかるだろう、コンビニの弁当買って持っていけ」という親がいるかもしれない。

「だとしてもその親はだめだって絶対言うな」ということをずっと訴え、結果的に子どもたちが「自分は作れるようになろう」と動きはじめたらそれでいいと思っている。

鎌田　何割かのお母さんは変えられるよね。包丁がなかった家に包丁がでてくる可能性はあるよね（笑）。

竹下　それは本当にそうなんですよ。台所に立たなかった親が立ち始めたときに子どもが本当によくなってきます。私が〝弁当の日〟をするということを、親を変えようとしてるぞと受け止める子もいる。それは自分の親を見てて思うんですよね。

鎌田　憎しみの連鎖を断ち切るという話が出たけど、長いこと東京でタクシーの運転手をしていた方の話をします。ひとり暮らしでずっと七一歳までタクシーの運転手をしてきた男の人で、前立腺がんで骨に転移があって歩けなくなった。運転手をやめたら生活ができないぎりぎりの生活だった。僕たちの地元じゃないけれど、長野県のある地域の出身者でした。車の修理工場をやっていて事業に失敗して、家族を置いて夜逃げをしちゃった。子どもが小さいときだった。

娘は生活ができずに、精神的にもうつ病になったり、リストカットをしたり、ずーっと地獄みたいな生活をしていたけれど、好きな人ができて結婚して子どもにも恵まれ、少し軌道に乗り出したときに、自分を置いてきぼりにしていったお父さんが見つかった。東京の病院から紹介があってうちのホスピスに入ることになって家族を探したんですね。そしたら見つかったんですよ。息子と奥さんは絶対会いたくないって。でもその娘さんは、自分を捨てていったお父さんのことを恨み続けて、ずっと憎んできたけども、お父さんが会う人がいないならと会いにきてくれて、それからその娘さんが変わるんですね。

初め娘さんは憎しみを抱えたまま来ていたんだけれど、結局誰にも看てもらえないってわかって、時々食べるものを持ってきたりすると、お父さんが喜んでくれる。喜んでくれるお父さんを見ながら、だんだん、だんだん来る回数が増えていく。この前僕に「やっと憎しみとか恨みが消えて、この時間が私にとって大事な時間だってことに気がつきました。これがなかったらずっと父親のことを恨み続けていた」と言うんです。

結局、お父さんを介護することを通して、人が存在していることの意味が見えてきた。世話をしてもらう人がいるからこそ、何かをしてもらう人がいるからこそ、世話をしたり何かをしてあげている人のほうも自分が存在していることの意味が見えてくる。そういう逆転した人間の関係というのを、僕たちは戦後、豊かになろうとして、合理的に生きようとして、忘れてきたような気がします。

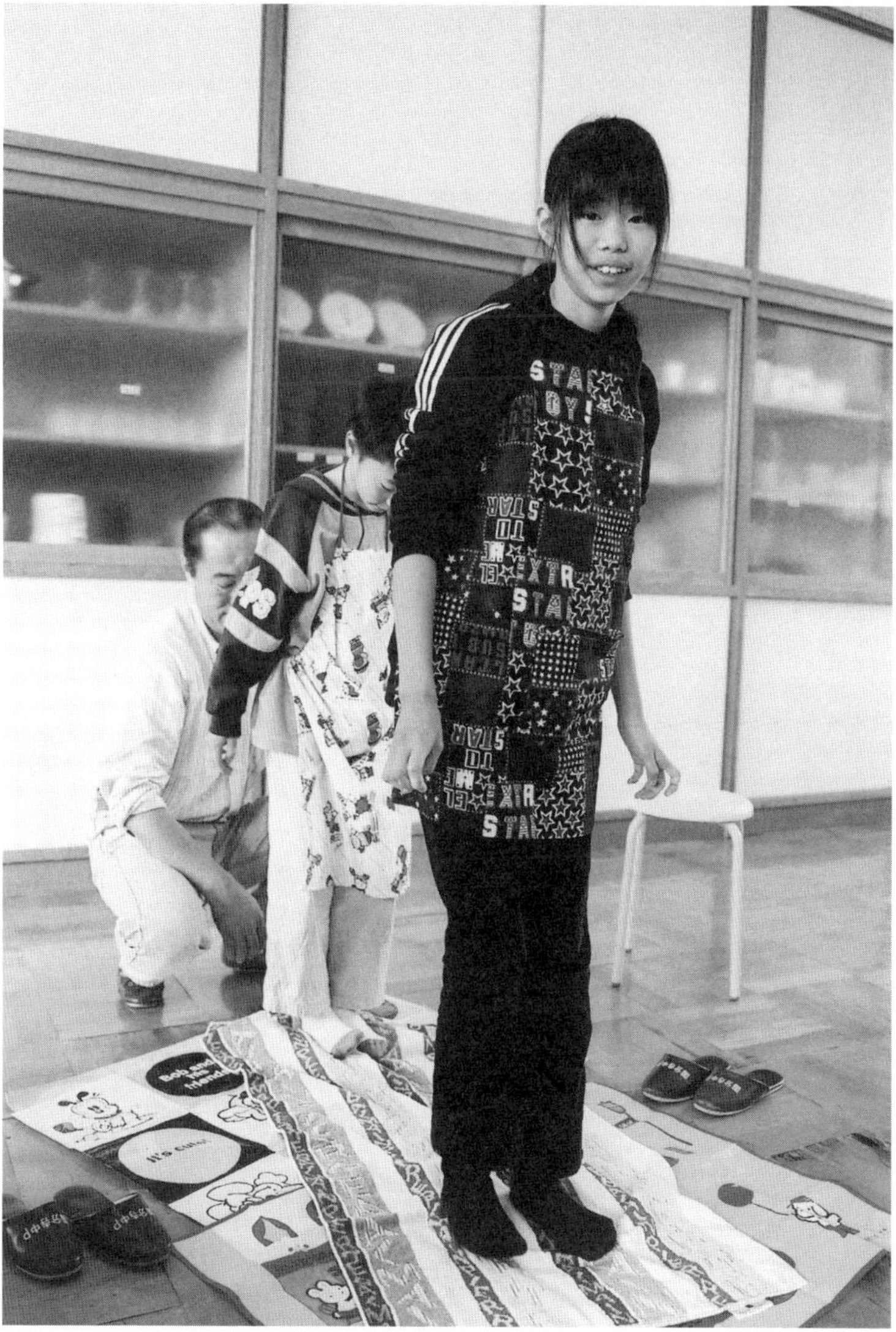

「がんばらない」と「あきらめない」のこころ

教師として子どもたちに「がんばれ」「あきらめるな」を連発してきた自分にとって「がんばらない」は衝撃的。二人の話が広がり、深まり、紆余曲折してたどり着いたのは…。鎌田さんも私もがんばっているのに、がんばっているという自覚がうすいだけのような。そして「がんばらない」と「あきらめない」は矛盾しないという不思議な会話。

「見捨てない医療」掲げて

鎌田　そういうことが言いたくて、二〇〇〇年に『がんばらない』という本を出しました。要するに二〇世紀の最後だったので、自分なりに二〇世紀という日本の一〇〇年と、僕はちょうどそのとき五一、二歳だったから人生の半分の二つを、自分で総括をしました。

僕の家は貧乏だったから、貧乏のなかで生き抜くためにがんばる子どもだった。日本もずっとがんばることを続けてきた。教育界だって、偏差値を上げようとがんばっていました。サラリーマンは自分たちの会社の株価を上げるとか、黒字をどれだけ出せるかとか、そうやって汲々とがんばり続けて、大事な家庭とか地域とか、人のつながりとか、そういった数値上では現われないものを、がんばる中で忘れてきたのじゃないかなって。もっと大事なことがあるはず。がんばるということが大好きな日本で、僕もがんばり続けてきたんだけれど（笑）、がんばるというだけでは大事なものを見落としてしまうんじゃないかなと思った。がんばれない子がいるとか、がんばれない人がいるとか、ということを僕たちは忘れてきていた。人生の波のなかでがんばれない時期だってあるときに、自分をだめな人間だと思ったら辛いだろうなと思うし、横にいる、がんばれない同僚をだめなやつだって思うような職場の空気は絶対よくないんじゃないかなと思ったんですよね。

今だって僕はがんばっているし、がんばることは大事なんだけど、がんばりながらも時にはがんばれないこともあるし、がんばらなくてもいいときもあるということを、いつも忘れないでいつづけたいと思っているんです。

竹下　「がんばらない」という鎌田先生の言葉がとても新鮮です。がんばらなくても、あるいはがんばって思うような結果が出なくても充分に満足できるという事実がすごいと思いました。鎌田先生は、ずっと地域を回っているときに、これだけ回ったからこれだけの結果が出るはずだ、目標値のところに行かないとやった価値がないというふうには全然考えていなかったんじゃないですか。

鎌田　全然なかったですね。その当時は、しょせん東京の大病院には勝てるわけがないから、価値基準をずらしてしまえばいいんじゃないかなと思ったんですね。高度医療では勝負にならない。じゃあ「あったかな病院」だったらできるんじゃないかな。「あったかな看護師」や「あったかな医師」、学校だったら「あったかな教師」でしょうけど。これなら田舎の医者だってできるぞ、と。でもよく考えて、待て待て、と…。あったかな医師、あったかな看護師と、それに「あったかなシステム」があったらいいなと思った。

それはなんだろうと考えて、「見捨てない医療」ということに思い至るのですが、要するに東京ではいい病院ほど患者が集まるんだけど、みんな少し長くなると平均在院日数というのに縛られて経営が悪くなるから早く退院させようとするわけですよ。「見捨てない病院」とか「見放さない病院」をつくれないだろうかって思ったんですね。

で、だんだん赤字が返せるようになってきたときに、救急医療、高度医療やる病院施設の中に、見捨てないための特養や、老人福祉施設や、二四時間態勢で医師が往診する在宅医療やホスピスをつくろうとした。がんの末期になろうが、脳卒中で障害をもとうが、敷地のどっかで見守ってあげられるシステムならば、システム自体があったかいんじゃないかなと思ったんです。

小泉首相が新自由主義的な手法で競争できる強い国にしたいって言い出したときに、小泉さんが目指しているのはアメリカに似たドライな資本主義で、アメリカではそれでいいかもしれないけれど、日本がアメリカのまねをする必要はないんじゃないかなと思って、僕は自分の造語で「ウエットな資本主義」という言葉を使い始めた。

要するにアメリカは大きな国で、砂漠もあって気候だってドライ。多民族の人たちが生きるために透明な競争しか国を治める方法がないからドライな資本主義が成立するけれど、日本には梅雨があって、じめじめしたところで僕たちは何千年も生きてきているわけで、気候だってウエットだし、日本人のマインドだってウエットだし、もうちょっとあいまいな中で、特に田舎なんかでは「お互いさま」って生活をしてきている。

だとすると、ウエットな資本主義というのがあってもいい。上半身のところは貿易立国としていい商品をつくれる強い国にしながら、国の土台になる下半身のところ、それは教育と子育てと医療と福祉ってずっと僕は思っていて、そこのところを大事にしないといけないと考えてきた。新聞もウエットな資本主義ということを取り上げてくれはじめました。

いま経済が崩壊して、これからどういう国づくりをするかというときに、僕たちにとって資本主義しか選択の道がないのだとすれば、ウエットな資本主義をつくるのがいいと思っています。たとえば子育て支援にはGDP比〇・七五%しか出していないわけで、先進国のなかでは、ものすごく少ないですよね。だからこれから子どもを育てようという若い人たちなんか大変な状況に追い込まれるわけです。公的教育費だって三・二%くらい(二〇〇九年九月のOECD調査では三・三%に)ですから、先進国のなかでは教育費が少ない。

親父は小学校しか出てなかったけど、僕には大学に行けるチャンスが来たというのは、かつてのこの国の学校の教育力がすごかった。地域の教育力も家庭の教育力も世界に誇れるほどのものがあったから、世界のトップに立つ力になったわけ。教育を大事にしたんですよ。だからこそウエットな資本主義で、子育てと教育を充実させるといい。

医療も、医療崩壊とか介護崩壊と言われている。医療費もGDP比で言うと八・二％しか出していない。先進国はだいたい平均で九・六％ぐらい出していますから、ものすごく医療費も削ってきているんです。

「教師って楽しい仕事」と全国に発信したい

竹下　私はたとえば先ほど言いました、がんばって結果が出る、その結果って何かって考えます。鎌田先生がされてきたことは、取り組むことそのものにとってもいい価値があって、たとえば病気が治らなくても、あと一年ですよと言われた人が三年生きたとしても、それはすばらしいことなんだという受け止め方をするようになれば、世の中っていうのは変わってきますよという感覚をもっと国民全体が持たないと間に合わない、ということだと思っているんです。

たとえば世界の経済のことで言えば、不景気イコール消費が低迷しているという話をしているうちは、消費を増やさないと経済の活気は取り戻せないということになる。でも、現代日本のような消費が世界規模で増え続けていって地球は大丈夫ですかという話を私はしたい。

私はもっと根底のところから家族のあたたかさとか、生きていることのありがたさとか、すばらしさとか、仲間がいることの楽しさとかということをメインに自分のライフスタイルをつくっていけるようなことを、大人たちがちゃんと子どもに教えるべきだと思っています。大人が生き方の具体的な手本を示して、あんな大人になりたい、自分もあんな仕事につきたいというような社会をつくっていかないことには、いくら予算がついて、これこれしましょうとかいって、きまりをつくっても、なかなか改善しないだろうと思うんですね。

今、お医者さんたちが大変なバッシングにあったり、病院が経営難だったりという状況になってきました。医者になるまでが大変だったのに、医者になってからのほうがもっと大変だと。たぶんそれ以前から学校現場はモンスターペアレントという人への対応で、ほんとに真剣に取り組んでいる人たちがノイローゼになったり、早期退職に追い込まれる人たちがかなりの数でてきています。親と子と教師のそれぞれが信頼関係を築かなければ教育は成立しません。敵対しているかぎり、教師は仕事ができないのです。

『〝弁当の日〟がやってきた』という本を出したときに、自分でチラシをつくって県内の小中学校の校長に配布したんです。そこに、こんなことを書きました。

教師ってこんな楽しい仕事なんだということを全国に発信したい。
みんなもこんな実践に取り組みませんか。

地方の一小学校の一校長が叫ぶことで日本をどこまで変えられるか。これは私の挑戦だ。

その思いでずっと突っ走ってきたんです。私を主人公に漫画を描きたいと行政の人たちが動き始めて、「山あり谷ありの人生を聞かせてください」と漫画家の卵を連れてきたときに、「私を取材しても谷はありませんよ。ずっと尾根筋を歩いてきたんです」と。

ずっと自分は折れずにやれてきた。やりたいことをやってきた。やりたいことをやっているということそのものに価値を見出さないで、やったけれど結果が出なかったというところに話をもっていこうとするから、だめなんじゃないか。鎌田先生が公民館をずっと回りながら、効果が上がらなかったらこれ意味ないよなというふうな疑問を全然持たずに動けている、その姿そのものが地域を変えていったんだろうと私は感じています。

ちょっとまた話が変わるんですけど、修学旅行に行くときに、養護教諭から小児糖尿病の子どものことで相談がありました。血糖値を毎日早朝に測って低かったら、発見した人が注射をしないと救急車を呼んでも間に合わない、という子です。その子を一緒に連れていってほしいと親が言っているという。親は学校に「お願いします」と言って、自分がついていくとは言わない。養護教諭も生死に関わるそんな注射なんて自分にはできない。できたら校長から連れていくのは断ってほしいと言いたい様子。

だけど、私はそのとき「連れていこう」って言いました。「この子には一回きりの修学旅行のチャンスやから」。親から薬を預かって、注射の仕方を教えてもらって、私は養護教諭に「その注射はあなたがしなくていい」と言ったのです。血糖値は毎日、早朝五時ごろに生徒が寝ている部屋で測るのですが、「数値がおかしかったら注射は必ず私がする。万がいち私が注射を失敗して子どもが死ぬということになっても、責任は私ひとりしか問われない。あなたが注射を失敗して死なれても、やっぱり責任は私にくる」と(笑)。

二種類の薬を混ぜて、注射器に吸入し注射をするというのを、私は校長室の机の上で毎日毎日練習していました。意識がもうろうとした状態でもちゃんと注射がちゃんとできる状態にするからと。その様子を職員が見ているんです。修学旅行に行っている間はその子の部屋に私が立ち会いました。本人に意識があるときは、生徒は自分で注射を打つんです。その子の部屋の友だちもそれを見ていて、「これは学校の先生がすることではない」「だけどやっている」と。

そういうことが口コミで広がっていく。これまでとことん先生を困らせた子が、「ここの先生あきらめないね」って言ってくれた。私じゃないんですよ、受け持ちの先生たちにです。それを私が「受け持ちの先生たちすごいよ、あなたたちのことを真剣に考えてる」と体育館で訴える。だから「がんばらない」というのと「あきらめない」というのが相反するのではなくて、完全に相互に負の部分というか、欠けている部分を補って、なおかつのりしろが充分ある。

鎌田　みんな「がんばらない」と「あきらめない」じゃ全然矛盾してるじゃないかって言うんだけど、矛盾してないんですよね。実はその両方が大事なんですよね。

竹下　同じことを言っているんです。結局、ポケットのなかにしまっているんですよ。やっぱり大事なものだからポケットの中にしまって、ときどきいじっている。あきらめてしまうということは捨ててしまうことです。がんばろう、がんばろうとやってて、うまくいかなかったときに、あきらめたって言って捨てるんじゃなくて「がんばらない」と。で、ときどきポケットの中に手をつっこんでさわって「あきらめてないぞ」と。

鎌田　うまい！　今まで一度もそんなこと考えたことなかった。いい考え方だなあ。

竹下　だから、余命を告げられると、「あきらめられたな」と思えてつらいですよね。

鎌田　つらいですね。

竹下　『がんばらない』の中に、余命を知らされている患者さんに「何がしたい」と問うた看護師の話がありましたが、その患者さんは、あきらめていない看護師に出会ったわけですよね。

鎌田　今までは他の病院で「何がしたかったの」って聞かれたんですね、過去形で。現在進行形で質問をされたのはうれしかったって。生きている限り、してあげられないことなんかないです。なんかしてあげられますよね。

竹下　もう手の平をかえすように良くならなくていい、ほんとに小さなこと、何かができるはずだって。

鎌田　だから、子どもたちについても同じ。たぶん先生が全部を変えてあげるなんて、できるわけない。家庭とか地域の問題が大きいですから今は、子どもの状況を一気に全部よくしてあげられるスーパー先生なんていないですよね。やれることは、ほんの少しでいい。教育は、そのほんの少しが大事なんだと思います。

竹下　それを要求されると私のほうが職員に「がんばるな」って言いますね。

鎌田　（笑）。だからやってあげられることはほんのちょっとですよね。あとは、何かいい風が吹いたときにその子の人生が変わっていく。ひとりの教師でもいい。後姿をずっと見ているよという教師のサインを感じたら、その子はすぐそこで問題が解決できなくても、なんとかつながるものなのです。そこで人生を終わりにしない。そこの呼吸が大事なんじゃないかなという気がします。

〝モンスターペアレント〟は学校側が育てた面も

鎌田　疲れているでしょ、今、学校の先生は。

竹下　いわゆるモンスターペアレントに何か言われている人は本当にくたびれていますね。文句を言っている側が、自分でも無茶を言っていると承知しながら言ってくるんですよ。

要求が通らなくても実害はないという気楽さをもってガンガン言ってくる。そこでこちらが引くと、「あっ、押し続ければ得するぞ」と、どんどん言ってくる。損得の話になってくる。言っても得しないぞと思ったら、言わなくなってきます。また私たち教師も、自分が失敗したのに親が文句を言わなかったら、こんどはよい結果を返そうと努力をします。うまくいけばますます言ってこなくなる。

だから、変な言い方ですけど、モンスターペアレントは学校側が育てたという解釈ができなくもないんです。「いじめをなくしてください」と言われたら、「それは無理です、いじめを減らすことはできても、なくすることはできないですよ」と説明する。なおかつ、いじめが起きたら二度とそんなことが起きないように、こんなふうな手を打ちます、こんなふうにしますよ、協力してくれますかとお願いをする。そういうスタンスでいけば、要求が通らなければ、怒鳴り散らすだけで終わるというケースが減っていく。

最初はすごいですよ、脅しがね。いくら脅しても間違ったことを言っているうちは通りませんよって言って、こんなふうにしたらどうですかと、具体的にその問題の解決のしかた、その問題のおさめ方というのを提案して、こんなふうにして、こんなふうにしてと子どもの反応も聞きながら対応していくと、そこまで考えてくれるんだったら一緒にやろうかというふうに親が変わります。「健やかな成長」という願いは親と教師に共通するものですから歩み寄れるものです。

あの親が文句を言わなくなったぞとなったら、また他の親たちも文句を言わなくなる。給食費の未払いにしたって、払わなくても同じように食べさせてもらえるんだったら、払うのはばからしいと思うのが当然です。それと同じようなことがいろんな場面で起きてくるから、全員が給食費を払っている状況を作り続けるのです。これはとっても大きな教育になっていますね。

鎌田　難しいでしょ、でも。

竹下　難しいですね。難しいですけど、実現してきました。たとえば、一回でも実現できると、次の年のＰＴＡの総会で、「未払いはいません。全員払ってもらっています」と言い切ります。全員払ってもらっています、というメッセージを保護者全員に伝えるだけで、滞納のパーセントはガラッと変わります。

鎌田　先生のマネージメント力はすごい。そうか、こうやれば「いじめ」や「モンスターペアレント」を減らせる。学校の先生がそういうことで消耗して燃えつきそうになっちゃうなんて悲しいよね。

竹下　決して給食費が払えない経済状況ではない生活ぶりの生徒の家庭を訪問して、滞納している給食費を親から集金するのは教師にとって屈辱の時間です。車のローンや衣料費や外食の支払いはしているのに、学校の集金は払わないということは明らかに学校教育を侮辱しているのですから。こんなことで消耗していく教師を、管理職として私は守る役目

があります。

ＰＴＡ新聞に私はこんな文章を書きました。地域の民生委員や主任児童員にも配りました。滞納している保護者宛には別にコメントを添えて送りました。

「学校集金を納める」という教育力

先日、他校の中学校長からこんな話を聞いた。

「ある高校の校長先生から、〝そちらの中学校から入学してきた○○さんが授業料を払ってくれない。中学校時代はどうでしたか〟と電話がかかってきた。〝実は、中学校時代の○万円の学校集金も未納のままです〟と答えると、〝どうしてそのことを教えてくれなかったのですか〟と言われた」

高校受験のために中学校から高校に提出する書類には「学校集金納入状況」という欄はない。それは生徒に関する情報ではなく、保護者に関する事柄だからだ。でも（授業料を払わない保護者の子どもに入学されて本当に困っています）という高校側の訴えは、当然のことだと思った。そして、その中学校長も辛いだろうと思った。

本校では、いわゆる「未納者」はいないが、学校集金・給食費が卒業までに完納になるよう大変な苦労をしている。これまでには、私自身が卒業生の自宅に家庭訪問をして集金したこともある。未納者の前例ができると、他の人が（それなら私も払いたくない）という気持ちになるからだ。そして、この苦労は教師の仕事ではないと思っている。

私は五人兄弟でとても貧しい子ども時代を生きてきた。その間、両親は生活費を切りつめて学校集金を最優先にしてくれた。それは（お前たちの教育を大切にする）という強烈なメッセージだった。お金の使い方で子どもを育ててきたのだ。

たびたび、子育てや教育に関する未納問題が全国的に報道されている。高級車のローンや衣服費・遊興費にはお金を払っても学校集金を払わないことは（お前の教育より車等を優先する）というメッセージになる。そして、子どもはそのことに気づいている。

学校集金未納に対応する教師の心労を減らしたいと思い、書いた。それが本校の教育力の向上につながると信じているからだ。

鎌田　なるほど。教育は夢であり、希望であり、人生を変えるいちばん大きなもの。家族も地域も国家も教育を大切にしているというメッセージを出す必要がある。学校集金を納めるという教育力っていいですね。

竹下　それを配ると、「うち、たまってないやろうね」って言って、たまっている人が少しずつ払ってくれるようになりました。うっかり忘れとった人たちも、地域のうわさ話のなかで払ってない人にならないよう払い始める。そしたら払っていない人が断然少なくなって、「もうみなさん払ってくれているんですよ」って言いやすくなる。とことんだめだったところは、裁判所に協力してもらいました。卒業後に一〇万円あまりを払ってもらったケースもありました。このときはこれで全員そろいました。

だから次の年度始めのPTA総会で「全員、学校集金・給食費を払ってもらっています」と言いました。このときは「昨年度、開催された学校給食甲子園で全国二位になりました。全国で二番目においしい給食を提供しています。どうか給食費を滞納しないでください」と言えました。その効果は大きかったです。滞納者が減れば教師の疲労感は激減します。集金を滞納しないということは「先生、ありがとうございます。がんばって」というメッセージでもあります。教師の意欲も湧くということです。今の学校は未納者はいないし、滞納者もほとんどいないです。

過度の自主規制より、楽しくなる仕事にチャレンジ

鎌田さんの実践からつくづく感じたことは、自分の仕事を楽しむために思いついたことはどんどん行動に移したこと。「がんばらない」「あきらめない」をよりどころにして現場に「楽しさ」を持ち込み続けたこと。学校現場だって、その気になればまだまだ楽しめる世界だ、と思う。

校長の判断は学校側の最終結論

――〝弁当の日〟という取組みは、校長がよほど積極的に動き出さないと、親や教師から同意を得ることは難しくありませんか?

竹下 私は、いろんな親を相手にしてきました。「打(ぶ)ち殺してやろうか」と私を脅した父親は、一週間後に飲食店で傷害事件を起こして刑務所に入りました。「子育てをするつもりはありません。私も親が育ててくれませんでした」という母親は、子どもの生活保護費で遊んでいました。学校(教師)側のミスで、ひたすらお詫びを言い続けなければならないこともありました。

それでも三つの学校で校長をしてつくづくありがたいと思うのは、相手が学校の最終責

任者として私に対応してくれることです。教諭や教頭にはできない「謝罪」や「叱責」が校長にはできるのです。これまでに土下座をしたこともありますし、テーブルを叩きながら大声で親を叱責したこともあります。どういう落着になろうが、校長の判断は学校側の最終結論なのです。もうそれ以上は文句言ったってしょうがない。教育委員会が言おうが、外から圧力がかかろうが、頑として校長の姿勢を貫くことも可能な場面があると感じています。

こんな場面で学校職員は何を見ているかといったら、新しくやってきた校長は、「困った人」にどんな対応をするだろうということ。鷹の目、象の耳で観察しています。困った場面を乗り超えたとき、職員がついてきてくれる。だから、私ら管理職は「ピンチはチャンス」ですよ。

このことでみんなが困っているのか。苦しんでいるのか。それを解除してあげたら、あの人についていこうという気持ちになってくれる。私はもう今年が最後ですが…

トップの人間が覚悟を示せば、スタッフはついてきてくれると思っています。最初はおそるおそるですけど、校長が守ってくれた、親が協力するようになってきたと感じた先生は、じゃあ、あれもやろう、これもやろうといいほうに回り始めます。けっこう学校っていうのは、メンバーがそのままでも、去年できなかったことが今年できるって、そういう状態になっていく。それは一ヵ月、二ヵ月の話じゃなくて、もう少し時間はかかります。

教師間にもよい刺激をし合う空気が必要になってきます。

よく文句を言ってきていた親が、こんどはにこにこして帰っていった。そして、子どもが成長した。あの子が学校でほめられたとかという小さな積み重ねが学校を良くしていきます。

鎌田 それはクラス運営でも同じことですかね。担任の先生が、あのやんちゃ坊主をおさめたとか——。

竹下 そうそう。子どもは、担任が変わった時点、クラス替えがあった時点で、こんどの担任はあの子をどうするだろうという目で見ているわけです。そんな生徒と担任の対立の場面で、〝あ、逃げた〟〝引いた〟〝責任転嫁している〟って思ったときに、子どもたちは今年の担任を見限り、次の年のクラス替えを期待する。担任が変わることを期待する。

私は鎌田先生が三六年間、同じ病院にずっとおいでて、子どもの親を知っている、じいちゃん、ばあちゃんを知っているという縦のつながりのなかで子どもを診たうえで、診察をしておられることをすごいと思います。それは先生が子どもに話している内容を、親からも言ってもらっている、じいちゃん、ばあちゃんから言ってもらっているという状況で、すばらしい教育力だと思います。

全国の多くの学校現場では、一年もたなくて学級崩壊を起こすものだから、毎年担任を変える、クラス替えをするということを繰り返す傾向にあります。できれば小学校の六年間受け持ちが変わらないくらいでコミュニケーション力を育てたいのです。担任がめまぐるしく替わると、多様な先生とコミュニケーションがとれるようになるのではなく、コミュニケーションをとることをしない子どもたちを作っている気がしています。そんなことをちゃんと教える場ができればいいかなと思っています。

病院の先生はけっこう異動があるんですか?

鎌田　ありますけどね。でも、僕も五年前に退職してパート医を諏訪中央病院でやり続けて、往診とかホスピスを回診しているんですけど、今年になって研修委員会から、若い医者が集まる病院なので「鎌田塾」というのをやってほしいと言われた。三五年前に鎌田が何をしたのかと。たとえば僕がやってきたのは、自分の目で見たものを見て見ぬふりをしないということにこだわった。自分で見て、これ悲惨だな、ほっとけないなと思った時、この国に制度がないんだからこの国が悪いんだというふうにはしたくなかった。国の無力を逃げ口上にはしたくなかったのです。同じ人間として何ができるのかと思って、デイケアや訪問看護を始めて、ずっとやってきた。そういうことを鎌田塾で話そうかなと思ったのです。

レジデントがはじめ一〇人ぐらい集まるのかなと思っていたから、じゃあ飯を食いながらやろうという話になった。ところが若い医師だけでなく、中堅どころまで合わせて三五人も集まってきた。聞きたい人たちがこんなにいるというのは、あったかい熱い医療をや

りたいと思っている人たちがいるということだと思えて、うれしかったですね。

三週間ほど前に鎌田塾の続きをやったのですが、三五年前に健康づくり運動というのをやったときに一緒に手伝ってくれたおばあさんが来てくれました。

当時、僕が理論を話したら、食生活改善推進委員だったこのおばさんが、その理論にあったこの土地の郷土料理のスタイルを教えてくれて、こういうふうにすればいいんだというのを農家の若いお嫁さんたちを集めて料理教室を開いた。そうやって二人三脚で村々を回ったんです。

そのおばあちゃんは僕の戦友みたいな人。九〇歳なんだけど、三五年前の話を若い医者たちに話してくれないかなと言ったら、話だけでなく、そのころ作った料理を食べさせたいっていう。九〇歳の人たちが三人集まって、三五人の医者の分の郷土料理とか、減塩でおいしいものはどうやったらいいかとか、鎌田先生が繊維が大事と言ったから繊維でおいしいものをどう作るかとか、一七品目も作ってくれました。

竹下　すごい話ですね。

〝弁当の日〟以外の方法見つける人も出てきていい

鎌田　医者を育てるためには指導医が教育するんだけど、数パーセントは地域の人に育てられてきたということがその三五人の若い医師たちはわかるわけです。学校の教育現場も自分たちの倫理教育とか、教育の技術を磨くのを徹底して教師どうしで伝達していくだけじゃなくて、地域から何かを学ぶ、というのはけっこう大事なように思います。

医療界や教育界ってわりあいクローズされた組織、つまり自分たちの仲間うちだけの組織になりますよね。風がよどみますから、どうやったらよどまさないですむかといったら、地域とつながることなのかな。若い教師たちも壁にぶつかったら、どうしたら地域とつながれるかと考えてみると、いいヒントが見つかるのではないでしょうか。

〝弁当の日〟というのは、まさにその技術のひとつ、方法論のひとつというような気がしますね。まだあるんじゃないのかなと。先ほど聞いて、なぜ「食」なのかというのは納得できたし、さすがにそうか、やっぱり〝弁当の日〟になるのかなと思ったんだけど、それでも若い先生は若い先生なりに、地域とつながるためとか、教育現場から家庭にもういっぺんメッセージを戻すのに、何か竹下の〝弁当の日〟以外の方法だって考える若い教師が出てきてもいいんじゃないかなと(笑)、期待はしますよね。

竹下　国分寺中学校で職員の一名が約一ヵ月、県外に研修に出ることになりました。研修に出ている間は代わりの先生がいないと困るので、教育事務所がずいぶんと苦労して女性講師を探しだし、説得をして派遣してくれました。その若い講師に「今年の教員採用試験を受けるんですか」と聞いたら、「私は教師になるつもりはありません」と言い切りました。「免許を持っているから頼まれました。給料も欲しかったし……。これまでの講師経験から、教師にはなりたくないと思ったんです」と言うんです。私はもう少しで「今すぐ帰ってくれ」と言うところでした。

鎌田　はっ、はっは。（笑）ふざけんなって思いますよね。

竹下　ぐっと、こらえました。一ヵ月間のその先生担当の授業を全部自習にすることはできなかったからです。「とにかくお願いします」と言って校長室から出て行ってもらいました。

一ヵ月間の授業を終えた講師と、研修から帰ってきた教諭の二人を囲んで歓送迎会をしたとき、お別れの言葉を講師は、こんなふうに切り出したのです。

「今日、最後の仕事でした。帰りに本屋に行って教員採用試験の本を買ってきました」。

鎌田　えぇ?!（笑）。いいな、いいな。こういうドンデン返し、大好き。教育現場のあったかさが、醒めた心をもっていた代用教員の心に火をつけたんだ。

竹下　「私、教師になりたい！　今年、教員採用試験を受ける」って。うれしくってね。翌日の職員会で、そのことを先生たち全員に言ったんです。「〝教師にならない〟と宣言していた彼女が、あなたたちとたった一ヵ月、一緒に仕事をして〝教師になりたい〟と宣言しました。そういう仕事を、あなたたちはしているんです。ありがとうございます。たぶん日常的な仕事ぶりの中に教師の本来の楽しさを講師に感じとらせた多くの教師がいたということでしょう」

学校行事の節目で懇親会を持ちます。二次会に行くいつものスナックのマスターが言ってくれるんです。「国分寺中の先生たちは、生徒のことを話しているとき、ホントに楽しそうだ」。

国分寺中で五年間勤務して、最後の三年間は行事も懇親会も「そこまでやるのか!」と何度も驚きました。すばらしい教師集団でした。文化祭では合唱コンクールがあって、保護者の大きな楽しみになりました。あまりたくさんの保護者や地域民が集まってくるので、一昨年は高松市内の大きな一七〇〇席のホールで開催しました。今年は二二〇〇席の県民ホールです。親と先生たちが手をつないだら、ここまで子どもたちが健やかに育つんだっていう具体例を示すことができたことがとてもうれしかったです。

自慢話になってしまいますけど、卒業式のあとで生徒が私を胴上げしてくれました。「あなたたちが棺桶に入る間際に自分の一生を振り返ったとき、自分の豊かな人生のすべてのもとは国分寺中学校の三年間にあった、と言わせたくて私たちは仕事をしてきた」という卒業式の式辞の言葉が生徒の心に届いたと思ってうれしかったですね。

「人間としてほっとけない」って思うことが大事

鎌田　時には自分の仕事を横におくというのは大事ですよね。僕はデイケアというのを始めたときも、写真がいまだに残っているんですけど、寝たきり老人をお風呂に入れている

酒 30ml
さとう 大
水

のが。内科医の僕とそれから、ＭＳＷというケースワーカーをしている社会福祉士、もうひとりがＰＴ…理学療法士、障害のある人の歩く訓練をする先生、三人とも誰ひとりとして寝たきり老人をお風呂に入れるのは仕事じゃないんですよね。

だけど、時代を変えるとか、社会を変えるというときに、自分の職業を一回棚あげするって大事なのです。この国ってあったかくないですよ。政府が困っている人を救うための制度をつくって初めからやってくれたことなんてない。誰かがいのちがけで何かを始めないとこの国は動かない。だから制度がないからやらないと言わないで、内科の医師にとっても、ＭＳＷにとっても、ＰＴにとっても「自分の仕事」じゃないはずなのに、ときに何かを変えるときに自分の仕事はちょっと横において、まず人間としてほっとけないって思うかどうかが大事なんです。

でも、いつまでも僕たちが風呂に入れてるわけにはいかないから、システムをつくるのです。時代を揺さぶるときにはやっぱり自分の仕事、つまり学校の先生も先生であるということを横において、何かをする必要があるよね。

竹下　病院の職員の忘年会のときに、患者さんが入ってきて…泣きました、あの話。

鎌田　直腸がんの人工肛門になった患者さんが、後悔していた。人工肛門なんかしてまで生きたくないって、がんで死ぬほうがましだったと思っているのを看護師さんたちが必死に支えるんですね。死んじゃおうかな、自殺しようかなとか考えてた人たちがいる気配を感じて外来の看護師さんたちが、山の温泉に行こうって誘うんですね。けっこうおもしろい話なんだけど、男たちは、じゃあ死ぬ前に看護師さんたちと混浴ができるかもしれない（笑）と。誰も混浴なんかさせてくれなかったんだけど、山の温泉に行って、温泉に入ったあと酒をみんなで酌み交わしてみんな元気になったんです。

病院を飛び出して、自分の休日を使って山の温泉へ行こうかと言ってくれた看護師さんのその心意気に感謝して、こんどは病院の忘年会にがんの患者さんがお礼の踊りに来てくれたんです。それはもう地域とつながっているからかなという感じですよね。

竹下　〝弁当の日〟を、これはすごくいいけど、うちの学校はだめだとか、やれないとかって、わりと簡単に結論を出す人は、できない理由はすぐに並べていくんですよ。だけど、発想を全く変えて、やるとしたらどんな方法をとればやれるかと考えるべきなのです。こういう問題って、発想を変えればどんどん変わってくるんですよね。

たとえば、福岡県の学校で、家庭がない子どもをどうするかという話になった。施設から通っているから台所がなくて、弁当の作りようがないと言ったら、「じゃあ学校の調理室をあけよう」という提案が出た。前日に生徒と一緒にスーパーで食材を買って、調理室の冷蔵庫に入れておいて、一時間早く学校に来させた。

〝弁当の日〟をしたくない人は「前日の買い出しや早朝の調理時間は勤務時間じゃない。事故の責任は誰がとるのだ。調理室の使用も、授業でないのなら〝目的外使用〟である。

水道代、ガス代、電気代は誰が払うのだ」と正論を主張する。〝弁当の日〟をしたい人は、そういう判断を〝過度の自主規制〟と考える。

鎌田　できるよね。その子どもたち、うれしかったでしょうね。ぜいたくな教育です。教育って本来、ぜいたくなものだと思います。

竹下　とにかく方法はいくらでもつくれる。

鎌田　むしろハードルがあったときに、あったかなつながりができる可能性が大きいよね。

竹下　「直腸ガンの人を温泉に連れていく？　それはできないだろ」と言われたときに、「もしできたら楽しいね」って考える人は結局はやってしまう。とりかかる前にあきらめるのではなく、可能性を信じて意欲的に行動したことが、温泉に入れたかどうか以上に職場全体の雰囲気をよくしていくんです。だから〝弁当の日〟でなくていいんですよ。先生たちみんなが元気になるなにか方法があれば、それに取り組めばいいと。

先生たちよ「がんばらない」「あきらめない」

鎌田　僕もいまだにがんばっているし、僕だけでなく、日本ではみんながんばっているんですよね。学校の先生はほんとにがんばっていると思うんだけど、がんばる発想だと、たとえば〝弁当の日〟っていう話を聞いただけでいやになってしまう。なかなかできそうもないことばかりが浮かんできます。完璧にやろうとするから、辛くなってくる。がんばらないで〝弁当の日〟をやれないだろうかなって考えてみるとかね。

僕は『いいかげんがいい』という本を書いたけれど、それはたとえば、〝加減〟をつい見失っちゃうから、つい欲望が暴走して今回のような金融資本主義の崩壊みたいなことを起こすわけで、いつも加減を考えて、いい加減のところでというふうに思えば、けっこう医療界も教育界もまだまだいろんなことができるんですよ。全部の自由を奪われているわけじゃない。シメツケがあるというけど、考え方をちょっと変えてみると、けっこう自由であることに気がつきます。人と同じことをしているだけでなく、自分の名前で、ドクターも教師も仕事をすることが大事。その他大勢の中に紛れ込まないこと。

教育も医療も、ものすごく大事だからこそ工夫が大事です。〝弁当の日〟を行うための戦術を学べば、若い教師がこれから自分流の新しいプログラムを実践するためにはどうしたらいいかが見えてくる。日本の教育界も医療界も土俵際にいるけど、土俵を割ってるわけじゃないから、ここが力の出し所。

なんかさっきすごく(笑)竹下先生がうまい表現をしてくれたけど、「がんばらない」と「あきらめない」の二枚の札をポケットに入れておいて、どっちかを入れたり出したりしているうちに、あきらめないでいると何かがやれちゃったりするんじゃないかなと思う。がんばりすぎる必要はないけど、あきらめないでね。疲れた時は、ズボンのポケットから「がんばらない」の札を出せばいいんですよ。僕なんかは日本の教育のなかで育ったからこそ生きるチャンスが与えられたと思って感謝しています。やっぱりこの国のいい教育が崩れないでほしいと思いますね。

竹下　たとえば〝弁当の日〟で具体的にいうと、稲益さんという福岡県の先生が四つのコースをつくって、小学三年生を相手に〝弁当の日〟をするよと提案した。全部自分ひとりで作る完璧コース、その次が一品だけ作るコース、その次は盛りつけだけするコース、その次が全部作ってもらってありがとうというだけのコース。自己申告制にして。

鎌田　ははははは。（笑）すごーい。

竹下　これはまさに「がんばらない」「あきらめない」というコースをつくったわけですね。完璧コースを選んだ子が持ってきた弁当が、ご飯の中にキュウリが一本と味噌だけ、という傑作もありました。「一〇〇%自分で作った」と。それを見た友だちは、「えっ⁉　それでも完璧コースか！」。ほとんどの子どもは栄養価や彩りや盛りつけの完成度の高いいくつもおかずが入った弁当をイメージしているけれど、「自分ひとりで出来ること」だけに絞る方法があった。たくましい生き方にもつながります。

私は学校現場で先生たちがほんとにしんどい目をしているのを知っていますが、それでも、教師って楽しいな、これで給料がもらえるんだから辞められないね、というようなことを感じていてほしいのです。それを身につけた人たちがもっと、自分の教科だったり部活動だったり、親との接触とか生徒指導に生かしてくれたら、思ったように変わってくれなくてもそれはだめじゃないって思っています。間違いなく、こっちはあきらめてないからなというサインを子どもに送り続けているうちは、子どもは離れない。教師が切り捨てたときに離れるんだと思っている。

それに私は写真を撮るのが趣味で、勤務時間中に写真を撮って給料をもらえて、こんないい仕事はないと思っています。

鎌田　（笑）。ぼくも写真、好きです。こんどお時間のある時、ぼくのブログ見てください。

竹下　そのうち写真集出すからねと生徒たちに言っています。校内でも掲示物には私の写真が多く使われています。校長先生の写真展というコーナーもあります。国分寺中では文化祭のとき、一メートル×二三メートルの紙に六五〇枚の写真を貼って写真展をしました。今は学校規模が小さくなったので八メートル。今年もすでに二千数百枚を撮っていますから、その中から自分で納得がいくものを選んで写真展をします。とにかくあなたたちがかわいくてしょうがないんだと生徒たちに言って、その写真を見せています。その写真を親たちも見に来る。その写真は掲示が終わったらみんなにプレゼントする。

鎌田　本のなかにありましたよね。僕の弁当の写真、本に載るかなって期待している子もいるんだね。

竹下　はい。意識してますよ。

鎌田　ああ、意識してるんだ。（笑）

竹下　写真を撮られることが嫌な子は、ちょっと顔を横にふってくれたらシャッター押さないと約束しています。あの手この手で活性化する方法を思いつき、実行していくと、自主規制をしない限り、いくらでも方法を思いついてくるのです。

〝弁当の日〟をスタートさせたいけれど、どうしたらいいんですかなんて聞かないでください。そんな楽しみなこと、どうして人に教えてもらうんですか。自分でつくる楽しさを自分で経験していきなさいと。

鎌田　そりゃ、そうだ。楽しみだったんだ。苦労と思う人と、同じことしていても大きな差になるんだね。

「チェルノブイリ」と「弁当の日」を結ぶ〝あったかさ〟

鎌田さんの著書を読む中で、組織のトップが本務を離れた仕事にのめり込んでいく過程が大変興味深かった。一地方の病院長がチェルノブイリの子どもたちを救おうと立ち上がった。しかも、そののめり込み方が半端じゃない。足繁く通い、治療をし、多額の寄付をし、子どもの薬代をかせぐために音楽CDをプロデュースする。これは国家でさえできていない国際協力だ。なぜ、そこまでと話が広がり……。

放射能汚染地帯の人たちのもてなしの心に動かされ

竹下　自分の守備範囲を超えるという話のところでチェルノブイリの話を出そうと思ったら、これはもっと広がりすぎてしまうかなと思って控えていました。チェルノブイリの取組みをすることによって病院へのプラスの影響というのは？

鎌田　あんまりないですね。それはやっぱり現場を巻き込みたくないので、現場から行った医者は何人かですね。若いレジデントだとか、呼吸器の先生とか何人かは行っています。看護師も、メディカルエンジニアも行ってくれています。ただ、毎年毎年ホスピタルコンサートでは必ず募金箱を回してくれます。看護師のイベントがあるとチャリティバザーをしてくれて、その収益金は全部寄付してくれます。看護学校も文化祭をやると必ず募金箱を回してくれます。

一九八六年の四月二六日にチェルノブイリ原子力発電所が爆発をした。ちょうど南から北へ向かっている風にのって放射能の灰が落ちていくんです。放射能の汚染地域で、今回のテーマの「食」が汚れるわけです。多くは森が汚れて、キノコだとか、ブルーベリーだとか色んなベリー類が汚れて、一度汚れた森はなかなかきれいにならない。

僕は去年の夏、ベラルーシ共和国のベトカという町に行ってきました。六〇～一〇〇キューリー以上のかなり高濃度の汚染が残っています。二二年たっているんですけど、新しい体内被曝というのが今も起きています。体内被曝は食物連鎖で起きます。川が汚れれば魚が汚れる。大地が汚れると草が汚れ、草を食べる牛が汚れ、ミルクやバターや肉が汚れ、人間の体の中に入ってきます。

木やキノコや山菜なんかは放射能汚染が続いていて、そういう地域に子どもたちの検診に行くと、よく来てくれたと、必ず僕にごはんをご馳走してくれるおばあちゃんがいるんです。私たちの国の子どもを助けによく来てくれたと感謝されるんです。うちにあがってご飯食べていけと。もちろんそのうちのひとつかふたつはガイガーカウンターで測ってみると、放射能で汚染されているのがわかっていますが、そのおばあちゃんのホスピタリティーがうれしいの。

『〝弁当の日〟がやってきた』の中でも、取材に行ったお客さんの分までチャーハンかなんかを出してくれるあったかい話がありましたね。あったかいです。

竹下　滝宮小学校の子たちですね。視察に来た婦人会の人たちに美味しくできたチャーハンを「食べてー」って持っていくんです。

鎌田　それはすごいおもてなしの心です。ホスピタリティーですよね。自分たちが目一杯の力でお弁当づくりをしているときに、誰かが来たときの分まで考えている心配りってすごいですよね。放射能の汚染地帯で年老いたおばあちゃんが、自分が貧乏なのに自分の貧乏を横において、よく来てくれたって。それがまたうれしいから、僕たちはまた日本に帰ってきて必死に募金活動をしてしまう。また子どもたちのために薬をもって救命に行こうという気になるわけです。

人の心を動かすのってほんのわずかなことなんです。しかし、この小さな心配りが、人間が生きていくうえで大事なのです。おばあちゃんのほんのわずかな気配りがうれしくなってしまう。こんなちっちゃなことをやっても何も変わらないとみんな思うでしょうけど、それがすごいのです。

さきほどの話もそうでした。見学に来た婦人会の人にもチャーハンがちょっと出るだけで、ただの見学者じゃなくて参加してるような気がしてきますよね、その方も。そういう心配りをどう育てられるか。先ほどから語ってきたけど、段取り力も大事だし、もったいない精神も大事ですが、もうひとつは、ホスピタリティーが大事。自分じゃない人間を大事にするという、日本人が本来豊かに持っていたものがけっこう今危ない状況になっているときに、〃弁当の日〃というのは、おもてなしの心を育てることも仕組まれてるなって。

僕らのＮＰＯはイラクの四つの小児病院に毎月三〇〇万から四〇〇万円ほどの薬を送っています。この本の編集者の横山さんなんかと一緒にやってきました。あのイラクって怖い人たちの集まりじゃないかって思って行ってみると、ものすごい親切のかたまりなんですね。結局あたたかさが何かを変える。そのことを僕たち日本人はよく知ってたはずなのに、どっかで途切れだしていた。特に子どもたちにその大事さを充分には伝えきれていない。伝える手段をこの二〇年ぐらいの間に少し失いかけていた。そんなときにね、〃弁当の日〃っていうのが出てきたのかなって、先生の本を読みながら感じていました。

さぬきうどん
298

食べること・作ることの意味を〝弁当の日〟で

大人たちがよく言う。「教えてくれなくても成長の過程で身についた。だから、自分の子どももそのように育つだろう」でも、子どもが育つ環境は激変している。子どもが育ちやすい環境が昔はあった。

それは国全体が貧しかったこと、そして大人たちは家族を飢えさせてはならないと、よく働いたこと。子どもはそれを見ながら育った。仕事もしないで遊んでいる大人なんていなかった。

でも現代は違う。食べることだってそうだ。

大人たちに見守られたあったかな時代

竹下 私の家は貧しくて子沢山でした。五人兄弟で、同級生のなかでもどちらかというと多いほうだったんですけど。そして、しょっちゅうお腹をすかせていました。食べるものがない。だから親が、法事に行ったとか、寄り合いに行ったりしたら、私たち子どもは親が帰ってくるのを待ってるんですよ。会で出されたものをそのまま手をつけずに親が持って帰ってくるというのを何度も経験してるから。今日はごちそうを持って帰るぞと。子どもたちが食べる前に「とうちゃん一緒に食べよ、かあちゃん一緒に食べよ」って声をかけるんですが、いつも「お腹すいてないからお前らで食べなさい」って答えでした。結局みんな子どもたちがそれをあっという間に食べてしまった。これは、昔、日本中の家庭でごく普通にみられた場面でした。

私は一番年下だったから「大人になればお腹がすかなくなる」と信じていました。実際は大きくなってもお腹はすくし…。中学二年生になったときに、どうも親は、「自分がお腹がすいているのを隠して子どもに食べさせてくれていたらしい」ということに気づいて、「もう、この親には逆らえない」と思ったのです。もう、すりこまれてしまっていますよね。

私が講演で尋ねるんです。「この一ヵ月間を振り返ってください。今、目の前にあるものを食べたら家族が食べるものがなくなってしまうから、自分は食べずに家族に食べてもらおうとして実際にしたことがありますか?」って。何十回って聞いてきました。みんな首を振っています。「そんなこと、していない」「自分が欲しいものは、欲しいだけ食べている」と。

ただ一例だけ例外がありました。このあいだ宮城県で講演したときに、「私、今でもしてる」という七〇か八〇歳のおばあちゃんが一人いましたね。日本の社会全体が豊かになり、みんな食べたいだけ食べられる状態になってしまったんですね。そしたら、食べるってことのありがたさや、感謝の気持ちを伝える場面がなくなった。

昔はふだんの生活のなかにあったけれども、今は食べるものの大切さというのを教えにかかる場面をつくる必要があるんですよ。〝弁当の日〟はそのひとつの方法。たとえば〝弁当の日〟を経験した子どもが中学校にあがって中学校の給食を見て、「ここの調理員さん手を抜いている」という言い方をする。そういうことは体験をしてるからわかる。

鎌田　先生が子どものころの話をなさったので、僕も子どものころのことを。母親が心臓病で入院していることが多かった。父親はタクシーの運転手をしていました。僕は一人っ子で、父は母の入院費を稼ぐために、夜中まで働いていました。国民皆保険制度がない時代ですから、お金がないと、自分の妻を治療させられなかった。お金を稼がないと家族に食べさせられない、父は稼ぐのに精一杯でした。

小学校低学年のころ、夜、薄暗い電気しかないし、テレビはないし、さみしくて怖いし、お腹がすいてくるわけだけど、夜九時ごろになると隣のおばさんが、自分ちの食事が終わって、洗いものが終わって、どんぶり抱えてきてくれて。「まだ帰ってこないね、お父さん」とか言って、「これ食べてて」と。その家の煮ものが入っているんです。人の声が聞こえただけでうれしかったし、お腹がすいてますから（笑）、もちろん食べ物がもらえるということがうれしかった。

じゃあ、隣の家が豊かかっていうと、同じように貧乏なんです。自分ちの貧乏を横において、鎌田さんちはもっと大変だからといって持ってきてくれる。

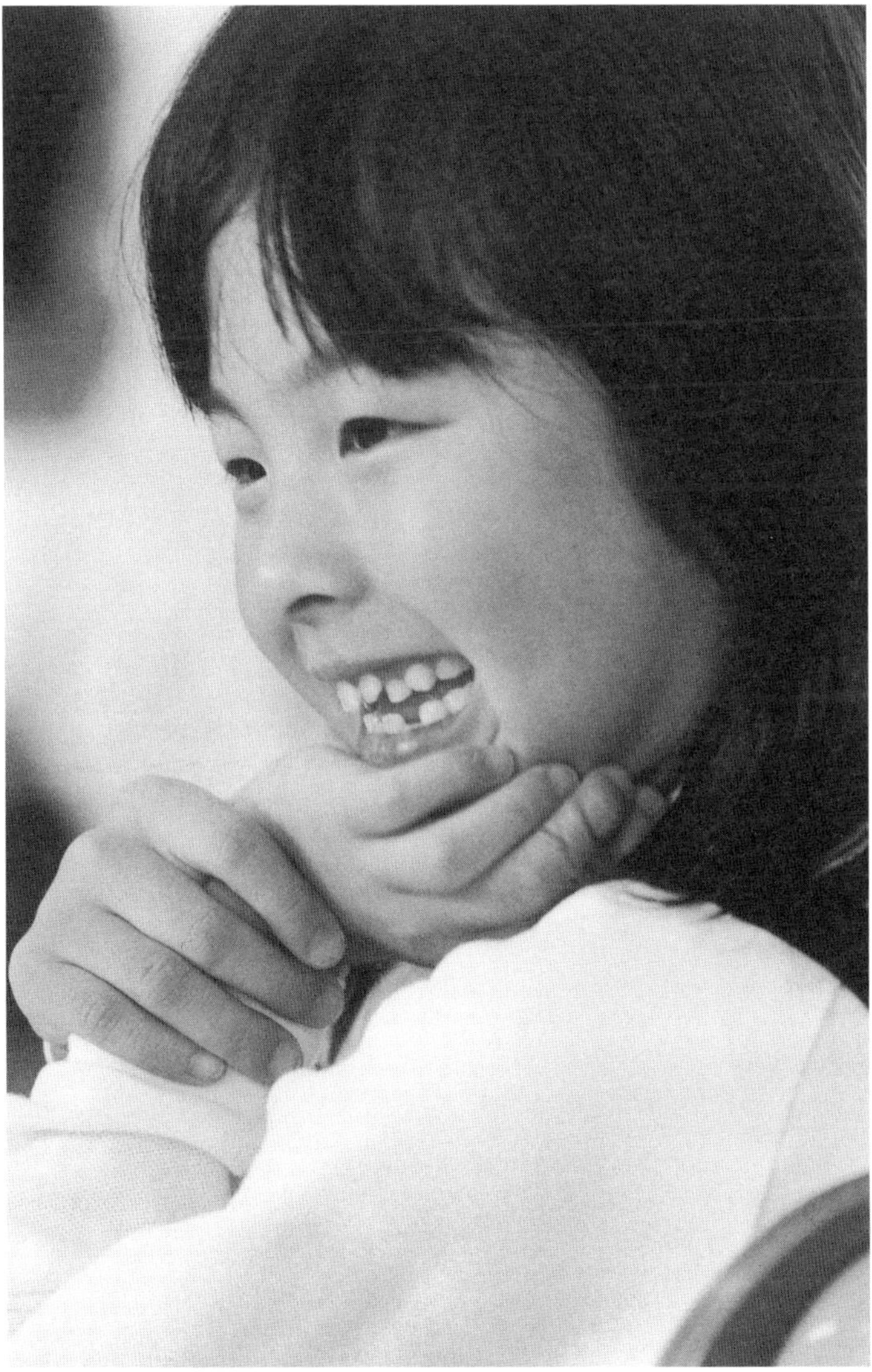

今回二冊の本を読んで感じました。〝弁当の日〟を通して一家団らんが盛り上がってくるというのを見さしてもらったけど、僕んちは一家団らんがなかったなと思いました。だけどあの時代はあったかかった。僕のうちには一家団らんはなかったけど、僕に一家団らんを味わわせてくれた。テレビが始まったころでした。テレビは五〇年ちょっと前に始まっています。町で一軒だけテレビを買った家があって、そこへテレビを見せてもらいに行くと、帰ろうとしたときに「今日は實ちゃん、ご飯食べていきなさい」って、おばさんが、そのうちの一家団らんのどこかにすきまをつくってくれて、お箸をおいてくれて、食べさせてくれる。大人たちが子どもたちにちゃんと目配りをしていた。

父親が夜中に帰ってきて、父も食事を作る体力が残っていないと、東京でしたから、環状七号線の道路際まで行くと夜遅くやってる定食屋があって、おやじは必ず「何食べたい?」って聞いてくれた。おかずは一個しか頼めない。味噌汁とご飯がとられ、必ず父は「何食べたい?」って聞いてくれた。僕は、必ず「もやし炒め」って。もやし炒めは一番安かったから。

やっぱりうちにとってお金はどういうものかっていうのは、小学校一年でもわかっていたんです。僕が卵焼きとかしゃけ=鮭とか言ったら、おやじはきっと困ったと思う。でも、やっぱりおやじは毎回それでも聞いてくれる。それがおやじの優しさだって、あとから気がつきました。

『がんばらない』『あきらめない』の中に書いているんですけど、僕はその家にもらわれてきたのがわかる。拾われて成長するんですけど、貧乏な人が拾ってくれて、貧乏な中で育ててくれてる。あったかいんですよね。親父が精一杯「何食べたい」って聞いてくれる。結局そういう経験をしていると、うちは貧乏でみんなと同じことはできないけど、納得できる。

ハンディ持つ子を放り出さない

鎌田　弁当の日も、施設に入っている子が心配とか、親が片親のところが心配とか、特に男の片親の家は大変なんじゃないかと、いろんな事情をもった子たちのことをことさらマイナス的に考えてしまいがちだけど、これが、ドッコイ、違うのです。大丈夫。みんながちゃんと目配りをしていればなんとかなる。

かわいそうだからと言って、その子がずっと料理を作るということをしなければ、成長して結婚して子どもができても手料理を作らない家庭になってしまう。それのほうが悲劇の再生産を起こしている。昔だって悲劇の再生産が起きそうなのに工夫をちょっとして、人と人のつながりのなかで子どもたちを守ってきました。

〝弁当の日〟をやるためには、ハードルの高い子がいるってことをわかっていて、ハードルの高い子をなんとかそのハードルを乗り越させてあげるときに、どんな状態になっても生きていけるぞと子どもに思わせてあげることができる。ハードルの高い子の訓練を何もせずに中学を卒業させて、社会にぽんと送り出しちゃうよりは、小学校、中学校を通して、学校の先生や地域の人たちの協力の下にいくつものハードルを越えさせてあげたほうがいいですよね。

将来だってずっとハードルはあることはあるんだけども、それでもいくつかのハードルをみんなの協力で越えられたという経験をすることが大事。ぼくはそうやって越えさせてもらえた。それは、近所の人とか、父なりの配慮とか、それはすごくありがたかったですよ。

竹下　してもらってうれしかったことは、してあげたくなるんですね。

鎌田　そうですね。

竹下　してもらってない子にしてあげるということを教えてやらないと現状維持になってしまう。してもらわなかった子は、ずっとしてもらわない世代をつくっていくだけの話になる。世の中を変えるというのは、してもらえない子、してもらったことがない子、してもらえる条件にない子を、やれるんだという方向にもっていくことなんです。

それを今、学校現場ではっきりと表に出さないといけない。とにかく現状維持に走ったときもうすでに下降線にはいっているという気持ちでいましょうと言い続けているんです。今の学校でいえば、やっぱり持ってくる子と、忘れてしまう子、それからちょっと持ってこれないかなという子がいるのを知っていて、受け持ちの教師が余分に持ってきています。先生が余分に持ってきているのを生徒たちも知っています。そしてみんなが持ってきたらそれを分けて食べるというのを楽しみにしています。

結局そういうことを通して、ふだん給食が同じ量だけ配膳されるのと違って、間違いなく持ってこられなかった子のためにといって、先生が自分のいのちを和えた弁当を余分に持ってきている。そのことが、教師の姿勢というのを子どもたちに明らかに伝えることになる。

鎌田　忘れられてない、自分のことを思ってくれてる人がいるってうれしいよね。

竹下　そうですね。私は、幼い實少年と定食屋さんに行ってお父さんが、どれを選んでもちゃんとお金を払えるという状態でないのに、「何食べたい」って聞いてくれているのは、お前のことがかわいくてしかたないから、お前の食べたいものを食べさせてやるというその思いですよね、その思いを食べているんです。で、金がない（笑）のは知っているから、子どもなりにね。

今の社会は全くそうじゃなくて、保育所・幼稚園くらいの年齢の子に「今晩何食べたい」って聞いたら、子どもがハンバーグと言ったり、餃子と言ったり、カレーと言ったり、ステーキと言ったり、刺身と言って、言ったのを親が提供するっていう実態です。これは、してほしいと言ったことをしてもらっているということで、愛情を注いでもらっているよ

うに思うんですが、実は脳の発達段階でいうと、よくない順位を教えていることになるのです。

子どもは家族のなかで、友だちのなかで、地域のなかで順位というのはどういうふうになっているのかというのを観察している時期です。その時期に子どもが幼稚園、保育所の送り迎えから食事のメニューから、部屋のそうじから洗濯からお金の支払いのことから全部自分が殿様役、王子さま役で、子どもが答えたとおりに大人が動いています。その環境で育った子どもたちが大変なんです。私は、「小さい子どもに今晩何食べたいなんて聞かないでください。三歳から九歳で味覚は発達するんです。その時期に味覚を発達させるために、何を食べさせるかは親が責任において食べさせないとだめなんだ」と訴えています。

昔の親は貧しくてそうできなかった。しかたなく毎日のように旬の食材を自動的に食卓に並べた。だから、子どもにも選択の余地がなかった。選択の余地のないことが結果として味覚を健全に発達させて、いろんなものを食べることができて、脳内伝達物質というのが常に供給されることになった。

子どもが要求するものばかり食べさせていると、栄養のバランスも整わないし、順位も逆転してしまって、遊びたいお金を親がくれないと殴る蹴る、親がお金をくれなかったら人から盗む、そういうことをし始めますね。

〝弁当の日〟を経験した子どもたちの親にこの話をすると、「ああ、自分はちょっと子どもの奴隷状態でやってきたから、そうじゃないということをはっきり子どもに示そう」と気づく。先生も親も同じことを言い始め、生徒が大人の言うとおりにしたら、体調はよくなったわ、家族の関係はよくなったと気づく。

家族っていうのはこういうものか。家族のあり方のひとつの視点みたいなものを〝弁当の日〟で与えることができる。

鎌田 そうですよね。そのとおりです。受け入れてあげ、よく話を聞いてあげ、愛してあげ、そのうえで子どもの言いなりにならず、大切なモノは何かを教えることです。

竹下 よく講演で話す具体例があります。たとえば早起きがいやだからって言って、一品持ち寄り形式を思いついた男の子がいます。六人でグループをつくって、一品だけ六人前を作ろう、材料の無駄を省けるし、安くあがるし、時間の節約もできて、なおかつ友だちのも食べられる。これいいぞ、やろうやろうといって六人でグループをつくって、言いだしっぺの子が「テーマを決めよう、テーマは中華だ」って言った。「俺、餃子つくって持ってくるから、誰かチャーハンつくれ、スープつくれ、中華風のデザートつくれ」と仕切ったんです。

そのときにひとりの女の子が「私はチャーハンをつくる」と手をあげた。その子はチャーハンを作ることによって家族にずいぶんとほめられてきている。自分が作ったチャーハンを家族がおいしいっていって食べているのを経験としてもっているから、「この子たちにもおいしいと言わせたい」という思いで手をあげているんですね。

手をあげたその女の子に男の子が「俺、ピーマンきらいやからな」(笑)と、ピーマンを入れずにチャーハンを作れよっていう意味で言った。そのときに女の子の前頭葉前野が動くんですね。「この子の価値観を変えたい」と。「ピーマンが入っていてもおいしいということを経験させたい」。これは「社会力」です。

最近読んだ本の中で「社会性」と「社会力」という言葉を使い分けていました。社会に適応するために必要なものを身につけているのが「社会性」。社会そのものを変えていく力が「社会力」。結局はKYのときの話と一緒で、「社会性」を身につけることだけに追われていると、行動内容がだんだんと細くなってしまって、選択肢がなくなって社会全体が衰退してしまう。

しかし「社会力」というのは、現状に適応するのではなくて、社会を次々と更新していく力のこと。「チャーハンをつくってくる」と言った女の子は、「ピーマンが入ったチャーハンなんか食えるか」というその子の価値観を明らかに変えようとした「社会力」のある反応だったんですね。

その子がそれなりの努力をして当日の朝を迎えて、一時間目に自分の弁当を紹介するんですけど、餃子を作ってきた男の子は自分の手料理の餃子をいっぱい自慢しました。その子はその子で「俺がつくった餃子はほかの子がつくった餃子よりうまい」という「社会力」

ですよ。俺はこんなこともできるという、今までとは違う価値を見せてやろう。

「タッパーあけて」って言われて女の子が、タッパーをあけたとたんに男の子が「うわぁ、ピーマン臭い」って言ったんです。これもまたすごい話で、努力をすればみんなが評価してそれなりに同調してくれるとか、そのへんのリアクションを期待してた。ところが全くなくて、匂いをかいだだけで、「ピーマン臭い」と言ったのです。女の子はそれまでの労働を全部否定されてしまい、完全に落ち込んでしまった。

それは一時間目の話で、四時間目がすんでお昼を食べて、帰りの会のときに「今日の〝弁当の日〟の感想文を書けた人から帰りなさい」と担任に言われて、女の子が一生懸命書きました。それは私が滝宮小学校から国分寺中学校に替わったあとの出来事でした。末澤敬子校長がコピーを送ってくれました。こんな内容です。

「今日のお弁当の日は一品持ち寄り形式でやりました。私たちのグループはテーマが中華になりました。私はチャーハンをつくることにしました。私がチャーハンをつくるというと、〇〇くんが俺はピーマンがきらいやからなと言いました。

私はその子にピーマンがはいっていてもおいしいといわせようと思いました。何回も練習をしました。ピーマンを切るサイズを変えました。炒めるときの火力を変えました。香辛料も変えました。何回も何回も作り直して、これならピーマン臭いと言われないおいしいチャーハンがつくれるようになりました。今日の朝早くおきてたくさんつくってタッパ

ーに入れてもってきました。
でも、ふたをあけたとたん○○君に、ピーマンくさいといわれました。私はその子にピーマンが入っていてもおいしいと言ってほしくて、そのことだけを考えてつくってきたんです。だけど、ピーマンくさいと言われました。私はとっても悲しかったです。つらくてつらくてつらくてしかたがありませんでした。
でも、つらいつらいとずっと考えているうちに、私はついこないだお母さんがつくってくれた晩ごはんのおかずを、一口食べて、お母さんこれおいしくない、と言って、その皿をお母さんのほうに押し返したことを思いだしました。あのときのお母さん、今の私と同じ気持ちだったんだ」
鎌田　すごいね。この子は自分の内側を見つめる力をもち出している。
竹下　もうこれから先、お母さんが作った料理をおいしくない、とは絶対言わない。
鎌田　この子は社会で行き抜く力を身につけだした。
竹下　食べる側だった自分が、作る側になって気づきました。作る側になったから気づいたことでした。こういう気づきが〝弁当の日〟を通して生まれてくる。お米だって、確かに炊いたけれども、自分はお米を作っていない。シシャモも、この辺で捕れる魚じゃないから誰かが運んできている。見えない部分を想像してカバーしていくことによって、ひとりひとりがそれぞれの役割を果たすということで社会が成り立っていて、自分もどこかで社会のために人のために役に立つ仕事をすることになるんだ。そのことの気づきがあるんです。

弁当づくりというのは目の前で起きているから、とってもわかりやすい。わたしはそういったことを〝弁当の日〟にこめた六つの願いとして、生徒たちに提案しました。必ず大きくなったときには、この意味がわかる状態にしようと思っているんです。今わからなくたっていいんだよ、必ずわかる時期が来るから…と。

一家団らんの食事があたりまえになること。
食べ物の「命」をイメージできるようになること。
子どもたちの感性が磨かれること。
人に喜ばれることを快く思うようになること。
感謝の気持ちで物事を受けとめられるようになること。
世界をたしかな目で見つめるようになること。

失敗が失敗で終わらない人生

「ようこそ先輩」で体験したこと、余命を告知しないことがいいと考えていたときのこと…。人生って失敗が失敗で終わらない。〝弁当の日〟のなかにも、いろんな失敗が生まれている。〝弁当の日〟をとおして子どもの成長をはかる教師でありたい。

「共感する力」「想像する力」

鎌田　僕はＮＨＫテレビの「ようこそ先輩」というのに去年出ました。そのときに自分の母校の小学校六年生のクラスに二日間、一〇時間授業をさせてもらった。テーマは「共感する力」「想像する力」という二つをどう子どもたちに理解してもらうか。自分じゃない人間、違う考えをもっている人間がいるっていうことをどう想像することができるか。想像したあと、その人を受け止めて、その人の思いを共感できるかどうか。僕は地域医療で、地域とつながるということをしてきたので、教育の現場に二日間行かせてもらったときも、子どもたちをどう地域につなげるか考えました。東京の杉並区立和田小学校です。

一日目は老人保健施設、障害のある人たちが入っている施設にアメリカで旅行中に倒れたおばあちゃんを訪ねました。障害が非常に重く、半身が完全麻痺をしているおばあちゃんが子どものために話してくれました。長下肢装具を着けて一〇メートルをつかまりながら歩くのが精一杯なんです。二〇年病気と闘ってきたそのおばあちゃんのお話。脳卒中で倒れて意識が回復したときに、自分の片手と片足が全く動かないことがわかった。死んだほうがいいと思ったその時、何人かの人が「生きててくれてありがとう」って言ってくれたって言うんですね。生きてるだけでいいのかなとその人は半信半疑だった。

結局そこからは歯を食いしばるような人生が始まります。

あなたたちは、歩けて食べられて、トイレができて全部できるでしょ。私はほとんど今言ったことが一人では充分にできない。それでもわたしは、生きていてよかったって思えるのは、誰かが生きてててくれてありがとうって言ってくれたからだという話をしてくれた。そのおばあちゃんが最後に、それは全く計算していなかったんだけれど、「私の話を聞いてくれてありがとう」って言ってくれたんですよ。こんな若い子に話ができたのは初めてだって。あなたたちが聞きにきてくれて、私はこの一〇年ぐらいのなかでいちばんいい時間を持ったって。

教室に帰って、子どもたち全員に聞いていくと、自分たちは勉強に行ったのに、だから自分たちがありがとうのはずなのに、あのおばあちゃんは私たちに、聞きにきてくれてありがとうと言った。子どもたちの中にある共感力も想像力も大したものだと思いました。ひとりのおばあちゃんのおかげで想像する力も、共感する力もみごとに語ってもらえました。

翌日は、近くの救世軍の病院の中にあるホスピスを訪ねることにしていました。がんの末期の患者さんが入っている。子どもたちに授業をしたいと言ったら、六〇歳ぐらいのすい臓がん末期の患者さんが協力を申し出てくれた。鳶（とび）職の江戸っ子です。子どもが大好きで、地域の子どものいろんなボランティアをしていて、子どもたちに死んでいくということがどういうことなのか話してくれるという約束になっていました。実際は子どもを連れて行く数日前に亡くなられてしまった。

僕はどうしようかなと思った。亡くなる数日前にNHKが試験的に家庭用のビデオを回していて、それが残っているのです。死んでいく人が、子どもたちにこういう話をする。「友だちは大事だぞ、いつか人間は死ぬんだけど、一生懸命生きて最後に振り返ったときに友だちがいることがすごく大事なんだ」ということを繰り返し繰り返し、その鳶職のおじさんが言うんです。

実は自分が死んでいくというのはわかっているんだけど、家族に最後にありがとうって言いたかった、女房にありがとうって言いたかった、自分の子どもたちにもありがとうって言いたいんだけど、あんまり早く言うと格好悪いと、笑いながら言うんですよ。タイミングをずっと考えている。死の話になると家族もなんとなく避けようとしている、自分も触れないようにしてきた。だけどちゃんと生きてる間に女房と子どもにありがとうを伝えたい。でも実際には彼は家族には一言もありがとうを言わずに死んでしまいました。

僕はどうしても子どもたちにホスピスを見てもらおうと思って、そこへ行きました。そこでそのビデオを見てもらうことにしたのです。

いっしょに参加してくださったご遺族の方たちがこう言いました。お父さんは子どもたちが来てくれるのを楽しみにしてた。私たちもその授業を見たいと。それで僕は残されたビデオを子どもたちといっしょに見させてもらいました。ビデオの最後に、家族にありがとうって、本当は俺は言いたいんだと言っている。初めて奥さんと息子さんたちは聞くんです。ああ、おやじはこんな思いでいてくれたのか—。感動の授業になりました。

結局誰かに何かいいことをしてあげようと思うことって、ブーメランみたいに廻ってくる。好意でやろうとしたことは、いい方向に行くことが多い。さっき先生が言ったように全部がうまくいくわけがないんだけど、ピーマンの女の子だってそうだけど、失敗だったなというふうに思えることも、好意でやろうとしていることって失敗は失敗でも、ちょっと視点を変えてあげると全然失敗ではなくなるんじゃないかなという気がします。

だから〝弁当の日〟も、マイナスのことを考えて、やらないほうがいいんじゃないかと思わずに、やってみるといくつも失敗は出てくるけど、失敗をちゃんと見てあげられる大人が周りにいるかどうかで、その失敗は子どもたちにとって大きな人生の糧になる可能性はありますよね。

00円でわかる!
基本の
500円

竹下　『がんばらない』でいちばん最初に私が泣いた場面は、告知はしないことにしてたけども、しないままご主人が亡くなって、「どうして教えてくれなかった。それ聞いてたら一緒に布団の中に入ったのに」っていうところ。あれでもう鎌田先生の告知に関しての方針が一八〇度ひっくり返ってしまう。

鎌田　そうです、そうです。告知をしなかった失敗から学んだのです。隠さないで、本当の話をするようになりました。つねに、どうしたらつらい話をショックなく伝えられるかと考えるようになりました。おばあちゃんから学んだのです。

竹下　それ以前に告知をしない最期を多く経験されていたから、その話がズシンと心に応えたし、それ以後も変えることができた。だから、成功失敗も一〇〇％反対の話じゃなくて、こんなふうに世の中っていろんなことが入り乱れている。同じことが起きても、それから自分を変えていく人もいるし、自分が変わらなくて、変わるべきは周りだと、その位置に留まってしまう人もいる。

「聞くべきものは聞いて、自分は変えていくという姿勢をはっきりもってますよ」という姿勢をみせたときに、頑固で手に負えないような人が、「むこうがあんなことを言っているのなら自分もちょっとふり返ってみようか」と。そういうことを察知して反応する力をもたせるために、特に教師は子どもたちに、良いほうも悪いほうも見つけて、気づきを子どもたちにどんなふうに返してやるかという技術をもたないとだめだと思う。

鎌田　そうですね。結局それは、さっき先生が言ったように子どもたちに「社会力」をつける。今のテレビのクイズ番組を見ても、学校で教える詰め込みでいろんなことを覚えさせることも、「社会力」を養うことになっていないことが多いですよね。受験の技術なんかもほとんど「社会力」につながらないから、大学を卒業して社会で、あるいは外国なんかに出ていったときに、ほかの人たちとディベートができないとかね。

　儒教的な精神がまだちょっと残っているから、「社会性」を持っている子は多い。駄目な子もいるけど、それほどは崩れてないと思います。大人たちが学ばなくてはいけないくらいしっかりした子どもたちもいるけども、社会性で止まっちゃっているような感じがしますよね。大事なのは、社会で生きていく力をつくってあげること。僕の言葉で言うと、空気を読むんじゃなくて、空気を自分で作れる子ども。どんな職場に行こうが、どういうところに行っても、その空気をいい空気にして、前向きにやっていけるような能力がけっこう大事で、〝弁当の日〟はそういう空気を作る力とか、「社会力」を身につけるうえですぐれている手法ですよね。

竹下　給食であれば、たとえば肉じゃががみんなに配膳されたときに、肉じゃがを交換しないですね。明らかに同じ釜のなかから出てきたものを交換しても意味がない。だけど、みんなの弁当箱に卵焼きが入っていたとき、卵焼きは交換するんですよ。間違いなくひとりひとりの材料が違う、調理のしかたが違う、そしてそれぞれの人間の〝いのち〟を和え

てあるということになってきたら、その努力に対して、おいしいぞ、この次また余分に作ってきてという言葉が出る。すると「あいつのために余分に作るんだ、自分がしたことを喜んでくれる人がいる」っていう気持ちになる。

こういう場面が給食では起きないけど、弁当では起きるんだ。毎日は大変だけど、教えようとしていることはこのことなんだよと生徒たちに話をしてやると、ああそういうことなのか、じゃあこの次、またこんな工夫をしてこようと。弁当を持ってきたときにおかずがみすぼらしくてかわいそうな子が出てきませんか、って心配性の人たちはまずそっちのほうに気持ちがいく。持ってこられなかった子どもはどうするんですかとか。持ってこられなかった子がいるということ自体がとっても素晴らしい教育のチャンスじゃないですか。

鎌田　うん、そう。

竹下　それをなぜ、どうしたらいいんですか、って聞くんですかって。こんなふうにしようと思って実際やってみたら、そのことで人間というのは変わっていくんですよ。そういう視点から行動する元気が現場の先生たちからなくなってきている。だから私は「ピンチはチャンス」という考え方をしている。

鎌田　弁当には思い出があります。聞いてください。母は心臓病を患っていたから、なかなか弁当を作ることはなかった。もちろん、ゼロではなかった。病弱だということもあるし、豊かな生活を一度も経験していないということも関係しているかもしれない。センスの問題だったのかもしれない。ご飯の上に海苔だけがしいてあって、あと梅干があって、それだけ。さびしい弁当だけど、いまだにそういうのが好きだから、母の味に慣らされているのかなと思います。

母が作ってくれた、僕が大好きな弁当がありました。だけど友だちには絶対見られたくないな（笑）と思った弁当です。前の日に肉屋さんで買ったコロッケを残しておいて、母が煮つけてくれるんです。味付けにして汁も入れて、味付けコロッケが一個ご飯の上にしみるようにのっている。それだけです。そのころすでに同級生の子どもたちの弁当には卵焼きにウィンナに野菜がちょっととか、貧しい時代だったけど色が三つぐらいついてたから、友だちには絶対見られたくなかったけど、おいしいんです（笑）。母がどんな思いで作ってくれてるかわかっていましたからね、病気でそれが精一杯だというのはわかっていましたから。

いまもご飯に汁がかかっているどんぶり物はものすごく好きなんです。それは母にしこまれたものかなというふうに思っています。立派な弁当を作れない家庭はあるのです。それが現実です。現実から目をそむけないで、そういうのを悲しいとか辛いとかじゃなくて、誰かがちょっと、大人たちが子どもたちに、それでも、それが素敵なんだって言ってあげることで、子どもたちの生き方がぐっと変わるんじゃないか。

竹下　それは本当に教師が責任を感じるべきですね。ある料理研究家の人の話で、その方が自分の子どものために弁当を作って持たせた。子どもたちが弁当を見せあってるときに、本当に貧しい家庭の子どもが親に作ってもらった弁当は、日の丸弁当で、ごはんの中に梅干一個だけの弁当だった。娘に持たしたのは、けっこう手のこんだおいしい料理がいっぱい入っていたんですね。日本の魂が入っている先生は、その日の丸弁当の子どもをかばうために「この弁当はすばらしい。日本の魂が入っている」って言ったんですが、それを聞いてその娘さんは「私の弁当には日本の魂が入っていない」と思って、家に帰ってからお母さんの弁当を責めたらしいですね。受け持ちの先生はその子のために日の丸弁当を援助しようとして、これでもいいんだよ言ったつもりなんだけど。

鎌田　ふっふっふっ（笑）

竹下　日本の魂が入っていなくてだめだと子どもが受け止めたことが、とっても辛かったという話をして、「先生は発言に気をつけてもらわないと」と言ってました（笑）。

社会を変えていく「社会力」をつけさせたい

鎌田　なるほど。松崎運之助（みちのすけ）って、夜間中学の先生をずっとしていた方がいます。ご自分も夜間高校、夜間大学を出ている。山田洋二監督の映画『学校』のモデルになった方ですが、その先生にラジオ「鎌田實いのちの対話」にゲストに出てもらったときに聞いた話です。

保育園に講演に行ったときのこと。講演が終わったらお昼ごはんの時間になって、子どもたちはお弁当を開いて「先生、見て見て」って、みんなお母さんに作ってもらった弁当を松崎さんに自慢している。ひとりの男の子が、みんなが見て見てっていうからその子も手を挙げちゃったんだけども、その子のところへ行ったら、お弁当を絶対あけてくれなくて、「おじさん、見て」ってミカンを見せてくれた。ミカンにニコニコマークがマジックで描かれていた。お父さんが作ったお弁当だったのでしょうね。お父さんが作ってくれたお弁当は、ほかの子がお母さんに作ってもらったお弁当に比べて見劣りがしてあけられなかった。で、松崎先生は「ああ、すごいお父さんだね、いいお父さんだな」って。

その話を聞いたときに、僕んちはお母さんが作ってくれたけど、母親が作ってくれたお弁当はちょっと他のうちの子に比べると力が入ってなかったなと思いながら、力が入らなくたって、結局僕はそのことをいい思い出としか覚えていない。

先生の『台所に立つ子どもたち』のなかに出てくる「〝ざる〟＝愛情を受け止める器」という表現。これ、とてもわかりやすい。愛されていることがざるの目を埋めてくれて、愛が漏れていかなくなるんだって。なるほどと思いました。お弁当がちょっと貧しくても、隣のおばさんがどんぶり抱えて持ってきてくれるとかね、誰かが僕を大事にしてくれてるとかね。岩次郎さんという父親になってくれた人が「何食べたい」と聞いてくれるとか、貧しいながらも愛されているという経験を何回か経験していることが僕を支えてくれた。パーフェクトな子ども時代なんてなくたって、全然心配ない。誰かが自分のことを気づかってくれてるとか、愛してくれてるとか、実感が一回でもあることが大事という気がします。子どもを育てるっておもしろいけど大変。でも魅力的。

竹下　私は「心の空腹感」という言葉を使って説明してきているんです。子どもは、自分ってそこまで手をかけてもらうだけの値打ちがあるのかどうかというチェックをしている。三八年近く教員をやってきて、子どもはいっつもそれを気にかけていると私は感じています。

たとえば、ふだんの授業の中で、宿題をやってきていない、教科書を持ってきていない、ノートをとっていないまま一時間の授業が終わってしまった。そして、先生から何のコメントもない。授業を受けなくてもなんにも指導がないってことは、自分のことなんかはどうでもいいのかなと。

そういう普通のチェックだけではなくて、わざと悪口を言ったり、困らせてそのときの反応を見て、自分のほうに愛情を注いでくれるのかというチェックにかかることがある。満たされていない子ほどチェックにかかるんですよ。満たされてる子はそういうチェックを必要としない。

対応してくれないということで心が不安になる子は悪さをするのがいちばん簡単なんです。いいことをしたときにはときどき無視されたり、簡単にほめられたりするけど、悪いことをしたら、真正面で自分と向き合ってくれる。それが、かまってもらえなくて不安になっている子どもにすれば、もうたまらない。

親たちがその子どもたちの心の状況に気づかなくって、現象だけ見て叱るということを繰り返して、それがエスカレートして虐待になってるケースもあるんです。親がいて、子どもがいて、じっと座って食事をしていたら何も言わずに終わってしまうけれど、これひっくり返したら「なんてことすんの」と言って、間違いなく自分がした行為に対して、かかりっきりで反応してくれている。それを心地よく思う子がいるんですよね。

修学旅行に行っても、授業をしていても、明らかにかまってほしいなというサインとして見せてきているときに、お前のことを忘れていないという反応を示してやれば、少しずつちょっかいが減ってきます。そのうちにこちらからも、プラスのアクションをしてやる。

たとえば弁当を作るという場面が、ふだんの授業のなかではありえない、学校生活ではありえない内容だけに、子どものほうには説明しやすい内容だという思いが私にはあるんです。学校側が明らかに一歩踏み出すことによって親のほうも、じゃあ自分たちもできることをしようというふうな気持ちになってくれる。先生と生徒たちがうまくいき始めると、親のいうことをねじ曲げて先生に告げ口したり、先生の言うことをねじ曲げて親に告げ口をしたりする生徒が減ります。教師と親の関係がうまくいくと、生徒は無駄なチェックをする必要がなくなってきて、育っていく。

私は〝弁当の日〟によって子どもを変えようとしたんじゃなくて、子どもが育つ環境を整えてあげたいんだと。整えるためには、〝弁当の日〟はとても有効な方法だと思います。

鎌田　勉強になりました。日本中に「弁当の日」が広がることを夢みています。夢はかならず実現するでしょう。信じています。

この対談はフリーマガジン『wutan ウータン』（教育同人社）との共同企画で、同誌二〇〇九年夏号に一部先行掲載されました。

写真の中の子どもたちに

子どもが大好きで教師になりました。
校長になったとき高価なカメラを買いました。
機材がいいときれいに撮れるのがうれしくて、
教員の研修資料用に子どもの写真を撮りはじめました。
この十年間で撮影した写真は、四万枚を優に超えます。

シャッターを押しながらいつも胸を躍らせていました。
心の底からから解放された笑い。
何かに見入る真剣なまなざし。
周囲を和ませる静かなほほえみ。
緊張感溢れ、躍動感みなぎる動きや表情。
穏やかで無邪気な視線。
今しかない表情、撮らなければ消えてしまう輝きを、
カメラで切り取りたい！ 残したい！ 伝えたい！
あなたたちは、こんなにも魅力的だ！
写真に写った子どもたち、みんな幸せになれ！

ありがとう。
私を励まし続けてくれた子どもたちにお礼を言います。

竹　下　和　男

対談を終えて

鎌田　實

何度も目頭が熱くなるのを抑えることができなかった。教育者として、こんなにも子どもを愛せるものかと、心を揺さぶられた。あたたかい人だなと思った。

その一方で、対話を繰り返しているうちに、あることに気がついた。

この人は、あたたかな心をもつ単なる教育者ではない。優れた戦略家だと思った。何か事をなそうとするときに、ダイナミックな構想をもっていることは、どんな組織の責任者にとっても大切なことである。

彼の中には大きな目標が明確にあり、それを実現していくために何をすべきなのか、優れた戦略と戦術をもっていることに気がついた。

「弁当の日」という発想について、ぼくは当初、弁当くらいで何が変わるんだろうかと斜めに構えていた。だが、話を聞くうちに、目からウロコ。とにかく、驚きと感動の連続であった。「弁当の日」以外の違う方法論があるような気がして考えてみたが、なかなか思いあたらない。この「弁当の日」というシカケは、実に考えつくされた手法であることが、この対談をしてよくわかってきた。

竹下和男は、優れた戦略家である。だからといって、冷徹な策士のようにはまるで見えない。彼の内面にあるあたたかさが表面にあふれている。顔つきやしぐさ、使われる言葉の端々にあたたかさがにじんでいる。

「弁当の日」は、子どもたちに食べることの楽しさや、うれしさや、ありがたさを教えるだけではなく、学校の現場を育て、家族の時間を作りだし、地域を変えていった。

この対談のなかにふわりと顔を覗かせるように、子どもたちの写真がたくさん挿入されているが、これは一〇年にわたって竹下さんが撮りためてきたものだ。瑞々しい表情、何かに集中している深い眼差し、全身から「今を生きる」ひたむきさが伝わってくる。もしかしたら子どもたちのなかの計り知れない力に大人のほうが変えられていくのかもしれない。

「弁当の日」をきっかけに、家庭や地域が教育現場に興味をもちはじめた。さらにおもしろいことが起きてくる。ＰＴＡが変わりはじめたのだ。もちろん職員室も変わっていった。次々に連鎖反応が起きたのだ。

「弁当の日」は、学校の小さなイベントが、実はとてもロマンチックで、教育現場を揺るがすような大きな構想に裏打ちされているのだ。

「弁当の日」を具体的に行うために、教師や栄養士は、子どもたちやＰＴＡや地域の人たちに、どのように投げかけ、アナウンスしていけばいいのか、優れた戦略が練られている。

まず、竹下和男は学校の中を変えていく。厳しい条件のなかで働いている教師たちに対して、シンパサイズし、評価しながら、デリケートな心で訴えかけていく。このプロセスが実にしっかりしている。新しいことをする時には、この辺の戦術がゆるぎないものかどうかが雌雄を決するのだ。ここが大事なのだ。ここがしっかりしていないと、夢は単に夢で終わってしまう。

もちろん、何度もつまずいている。父兄や地域から怒鳴られたり、バッシングを受けたりすることもあった。しかし、竹下和男は、このときが勝負と思う。多くの人はここでまいったなと思ってしまう。つまらんことに手を出してしまった。グチッたり後悔してしまう。ここが勝負所と思えてしまえばしめたもの。

難問を投げかけてくる保護者や地域の声に対して、自分たちのトップはどのように処理するのか、学校の教師たちは固唾をのんで見ている。彼は、その目を常に意識している。ここがすごいところだ。

新学年になると、クラス替えをし、新しい担任が決まる。子どもたちは、自分たちの新しい担任がクラスの問題をどう解決していくか、けっこうしたたかに見ている。その目をずっと意識して教師を続けてきたのと同じように、子どもたちの目、教師たちの目、地域の目、家庭の目を、竹下和男は繊細にとらえ、ダイナミックな戦略を仕掛けていくのである。

このいくつもの目が学校の空気をつくりだす。

この空気が給食費の未納をゼロにしていく。

北風さんが無理矢理、給食費を払わそう、払わそうとしていた時は難渋していたのに、「弁当の日」という太陽さんが、給食費は払うものという空気をつくりだしている。

「弁当の日」マジックである。

「弁当の日」は、学校の中の小さなイベントだが、学校だけでは限界があり、家庭や地域の協力が不可欠である。竹下和男のすごさは、学校の外にある家庭や地域までも、少しずつだが変えてしまうことだ。いや、竹下先生が変えるわけではない。

学校から吹いた一つの風が、家庭や地域を少しずつ、確実に変えていったのだ。

一部の学校で行われた朝の読書運動が、日本中に広がっていったように、この「弁当の日」が、日本中の学校に育っていくとおもしろいと思う。それぞれの学校や地域に合ったスタイルに形を変えながら、日本中に「弁当の日」が、根づいていくといい。すでに「弁当の日」を行っている学校は五〇〇校を越えているというから、その芽は育ちはじめている。

「弁当の日」でとられた戦略は、竹下和男の今までの著書に詳しく書かれている。

この本は壁にぶつかったとき、どうしたらよいかが書かれている。先生方に読んでもらいたい。この本は、学校の問題解決や、新たな課題に取り組むときにも、大いに参考になるように思う。

この本は子どもを育てる時、何が大切なのかが書かれている。お父さんやお母さん方にも読んでもらいたい。

もちろん、この本はハウツー本ではない。でも、何回か読み返してみると、「弁当の日」を実現するためだけでなく、学校で何かに取り組むときのための、優れたヒントがいっぱい詰まっていることに気がつくだろう。子どもたちにどのようにメッセージを伝えたらいいのか、父兄や教師にどう協力を仰いだらいいのか、先生方はどんな心構えでいればいいか、参考になると思う。

しかも、これらのヒントは学校以外の組織にも通用することが多い。病院や、企業、行政などで、何か新しい試みをしようとするとき、どういう構想のもとに、どんな手順ですすめていくとよいのか、大切なコツが書かれている。教育関係者以外にも読んでもらいたい本だ。

教育は、実に大事なテーマである。日本という国を、いい国にするかどうかも、教育にかかっているといっても過言ではない。この本は、あったかい教育をひろめるだけでなく、あったかな国づくりを呼びおこすきっかけをつくる本だ。政治家や行政マンにも読んでもらいたい。

一つの「弁当の日」という試みの向こう側に隠されている大切な仕掛けを、竹下和男と鎌田實の対話のなかに見出してもらえたら、うれしい。

あとがき

三泊四日の沖縄への修学旅行から帰宅して、夕食後、弁当を作り冷蔵庫に入れた。翌々日が綾上中学校の「弁当の日」だからだ。

翌朝、始発便で高松空港から羽田空港に飛び、東京文京区の洒落たフランス料理店で鎌田さんや出版社の方々と昼食をいただきながら、話題は自然と本題に触れる内容になった。その間、鎌田さんの食べっぷりの良さと気さくな語り口と「うん、おいしい！」の連発に圧倒されていた。スタッフが初対面の二人に設けてくださった、貴重な顔合わせの時間だった。

昼食後、千代田区のスタジオに移動するために店を出ると激しい驟雨だった。すぐに来るはずだった出版社の車を待つ間、鎌田さんと私はとても狭い軒下で壁に張り付くように雨宿りをしていた。待つ場所が決まっていたので移動することも叶わず、少しずつ濡れていく上着やズボンを気にしているところへ細面で長い髪の素敵な女性が「先生、この間、ご講演を聞きました。感動しました。ありがとうございました。こんど、機会があったら、また行きます」と声をかけてくれた。私は、これまで全国で四〇〇回近く講演をしてきた。そして常に「先生」と声をかけられてきた。反射的に返事をしようとして言葉を飲み込んだ。女性の視線は私にではなく鎌田さんに向けられていた。苦笑した。穏やかに女性と会話を交わす鎌田さんの横で、雨に濡らすまいとカバンを抱えていた私はさしずめカバン持ちの体だなと思った。

フランス料理店と雨宿りの話は、対談前から鎌田さんに呑まれていたことを言いたかったのではない。「鎌田實」のオーラに接した喜びに痺れていたということだ。こんな私が、九年間の行政職（埋蔵文化財発掘の主任技師、主任指導主事、主任管理主事を各三年）の経験から、「前例主義」の必要性を認めた上で、一〇年間の校長職は「私が前例になる」という構えを通してきた。

校長になる前年に、「日本政府が明治初期に学校教育をスタートさせて以来百年以上経っているが、現在まで〝勝手な実践をする〟という理由で退職させられた校長は一人もいない。みんな安全策で学校を経営してきた。覚悟をもって新しいことに取り組む校長が出てくるべきだ」という、某大学教授の講演を聞いた。そのとき、密かに思った。「その第一号になるのもおもしろい」

結局、私は退職させられることなく、数ヵ月後に定年退職を迎えようとしている。「第一号」にはなれなかったが、「覚悟をもって新しいことに取り組む」という精神はこの一〇年間、失わなかった。それは決して悲壮な決意ではない。自分の大好きな仕事を納得のいく楽しい世界にしたかっただけだ。その点で、私は「鎌田實」と同類だと思った。

鎌田さんも悲壮感なく、したいことをしてこられた。それは常識的な枠を超えていた。往診に行った先で疲労から患者の横で寝てしまい、泊まって、朝食を食べて帰ってきた医師の話に唸ってしまった。それを医師の真摯な姿勢の証と受け止めた患者の家族に感謝の気持ちを伝えたくなった。医師と家族のどちらが先によかったから、そんな挿話が生まれたのかという因果関係の話ではない。医師は医師として目一杯、患者に寄り添いたかったし、家族は家族で医師の想いを感じ取ったから喜んで医師をもてなした。決してギブアンドテイクの世界ではないのだ。

教育界だって同じなのだ。鎌田さんとの対談は、結局自分を見つめ直す作業だった。こんな素敵な方が実在するなら、もっと自分は「がんばれる」と思った。

〝弁当の日〟は家庭教育と学校教育を重ねる手法だ。親と教師が連携する対策だ。学校が家庭に協力を求めるのではなく、これまでの「自主規制」を超えて、覚悟をもって、子どもの健全育成に効果があることを信じて、子どもたちの「くらしの時間」を豊かにしていこうとした。子どもの心に親への感謝や家族との絆が醸成されていけば、教師の声が子どもに届きやすくなる。それは学ぶ楽しさ、生きる喜びに満ちた教室が生まれるということだ。

私は自分の講演中、小学生や中学生の子育て中の親に尋ねることがある。「もし、余命一ヵ月と告知されたら、子どもに何を教えようとしますか」。親の答えに、漢字の書き取り、百マス計算、英単語はない。家事や規範意識、そして夢や希望を持って、我慢強く、人に迷惑をかけずに誠実に生きるように…。

「それなら、それを子どもに伝える場面がこの一ヵ月間にありましたか。大切で深刻な話はもっと成長してからでいいと思っていませんか。ついつい後回しにしていませんか。できていないから今日から始めようと思っても、講演が終わって帰宅するまでにあなたは事故で亡くなるかも知れないのですよ。だからこそ日々のくらしを大切にしてほしいのです。

日々のくらしの中で、いま生きている幸せ、心の居場所としての家庭、豊かな人生、希望が湧いてくる未来を子どもの体の中にゆっくりゆっくり刷り込んでいくべきなのです。具体的に〝今、ここにある幸せ〟として。

〝弁当の日〟がその気づきの機会を作ります。〝弁当の日〟は家族のあり方をもう一度見直してほしいというメッセージです」

対談後の打ち合わせが終わったときは高松空港行きの最終便はすでに離陸しており、新幹線でも香川県まで帰れない時刻だった。予定どおり空港のホテルに泊まり、翌朝の始発便に乗った。帰宅して冷蔵庫の弁当を持ち学校に行くと、テレビ局のスタッフ三人が早朝に弁当づくりをした生徒の自宅取材を終えて、応接室で待っていた。

校長室には次々と弁当を提げた職員が訪れ、職員とスタッフが大笑いの弁当披露になった。学校開放日だったので、生徒たちと先生が教室で食べるころには保護者や視察・取材者も多くの顔を覗かせ、笑顔が溢れた。そのあと、体育館で私が制作したスライドショーを上映し、ミニ講演をし、テレビ局などのインタビューを受けた。一段落ついて自分の弁当を食べ始めたのは午後四時前だった。

「綾上中学校には羽田空港から出勤してきた校長がいる」これも「前例」になったかなと思った。

教育同人社の余川亘さん、自然食通信社の横山豊子さんの企画でこの対談が実現した。特にお二人に深く感謝したい。さらに対談から出版までの過程で、滝宮小学校、国分寺中学校、綾上中学校で出会った児童生徒・保護者・職員のことを何度も思い出した。このような機会を持つことができたのは私を支えてくれた、これら多くの人がいたお陰だと痛感した。皆さんへの深甚の感謝の気持ちを抱きつつペンをおくことにします。

二〇〇九年九月一〇日

竹下　和男

著者プロフィール

鎌田 實

1948年、東京生まれ。

東京医科歯科大学医学部卒業。

1988年、長野県諏訪中央病院院長に就任。

一貫して住民とともにつくる医療を提案・実践。

1991年、日本チェルノブイリ連帯基金（JCF）設立。

ベラルーシ共和国の放射能汚染地帯の病院へ、18年間にわたり医師団を派遣し、約4億円の医薬品を支援してきた。

諏訪中央病院名誉院長。東京医科歯科大学臨床教授。

日本チェルノブイリ連帯基金（JCF）理事長。

日本・イラク・メディカルネット（JIM-NET）代表。

本文で紹介他著書多数。

竹下和男

1949年、香川県生まれ。香川大学教育学部卒業。
県内の小・中学校、教育行政職を経て、
2000年より綾南町立（現綾川町）滝宮小学校、
2003年より国分寺町立（現高松市）国分寺中学校、
2008年より綾川町立綾上中学校校長。2010年3月退職。
「子育て」や「食育」について全国で講演中。
著書『“弁当の日”がやってきた』『台所に立つ子どもたち』『「ごちそうさま」もらったのは“命”のバトン』（いずれも共著 自然食通信社）、『安藤昌益』（共著 光芒社）、『できる！を伸ばす“弁当の日”』（共同通信社）、『世の中への扉 弁当づくりで身につく力』（講談社）他

「弁当の日」ホームページもできました。

「弁当に詰めるだけ」から、「だしを取って味噌汁1杯から始める」「買い出し〜後片付けまでの完璧コース」まで自分で選べる、といったさまざまなやり方で”弁当の日”の実践に取り組んでいる教師、学校、職場、地域など、全国各地からの実践報告や、竹下さんをはじめとする講師陣の講演、イベントなど最新の情報をお知らせしています。

http://d.hatena.ne.jp/bentounohi/

始めませんか
子どもがつくる「弁当の日」
鎌田實 対談 竹下和男

2009年10月25日　初版第1刷発行
2015年10月15日　　　第8刷発行
著者　鎌田　實・竹下和男
発行者　横山豊子
発行所　有限会社自然食通信社
東京都文京区本郷2-12-9-202
電話 03-3816-3857
FAX 03-3816-3879
http://www.amarans.net
振替00150-3-78026
対談撮影　西邑泰和/協力・教育同人社発行 フリーマガジン『ウータン』
本文組版　橘川幹子
印刷　吉原印刷株式会社
製本　株式会社越後堂製本

ISBN978-4-916110-70-1

シリーズ・子どもの時間

シリーズ③
〝弁当の日〟がやってきた
子ども・親・地域が育つ
香川・滝宮小学校の「食育」実践記

竹下和男／
香川県綾南町立滝宮小学校著
定価一六〇〇円＋税

「親は決して手伝わないで」校長のひと声から、月に一度、給食をストップし、五、六年生全員が家で弁当を作るという全国初の試みがスタート。親たちの不安を吹き飛ばしたのは、子どもたちが持ち寄った自慢弁当と誇らしげな笑顔。食べものの「いのち」や育てる人とも出会う弁当づくりは、子どもたちの心の扉も開いた。

シリーズ④
台所に立つ子どもたち
〝弁当の日〟からはじまる「くらしの時間」
香川県国分寺中学校の食育

竹下和男／
高松市立国分寺中学校著
定価一六〇〇円＋税

子どもの「生きる力」を目覚めさせた『弁当の日』が隣町の中学校にもやってきた。家族との間にくらしの時間が共有されることの深い意味合いが、弁当づくりを通して浮かび上がる。競争と評価がのしかかる子どもたちを救いたいとの著者の想いは教師、親、地域を動かしていく。

シリーズ①
からだといのちと食べものと

鳥山敏子著　定価一六〇〇円＋税

「ジャガイモの声を聴こう」「さっきまで生きていた豚の腎臓だよ」人間は無数のいのちをもらって生きていることを学ぶ子どもたち。教室の枠を越え、さまざまな人や生き物を介して広がる授業体験のなかで、子どもたちのからだは生き生きとした鼓動を取り戻していく。

シリーズ②
おもしろ学校ナトリのライブ

名取弘文著　定価一六〇〇円＋税

「いいじゃない。おもしろいだけで」子どもたちと雑踏の中へ飛び出し、ゲストを呼んでの公開授業で大いに盛り上がる。あれしちゃいけない、これはまずいの学校の中、時にとぼけて、時にマジの自分に照れながら切り返す家庭科専科ナトリの技の数々。軽やかでイキのいいライブ仕立てでお届けします。